アウトプットの
質と量は、

インプットの
質と量が決める。

あなたに足りないものは

圧倒的に
インプット
である。

はじめに

長年クリエイティヴ教育に関わってきた者として、世間で思われているひとつの大きなテーゼに疑問を持っている。それはクリエイティヴ教育とは「いかにアウトプット（＝表現）するか？」を教えるものと思われていることだ。

もちろん、「いかにアウトプットするか？」はクリエイティヴ教育を学ぶ者にとっても、そして多くは現役のクリエイターでもある教える側にとっても、実に大きな課題だ。永遠の課題と言ってもいい。

しかし、アウトプットのやり方は人によっても大きく異なり、載せるメディア（媒体《ばいたい》）によっても異なり、クライアントや共同作業する環境によっても異なり、そして時代と共に激しく変化する。さらにはテクノロジーの急速な発展により、少し前の技術的アドバンテージがまったく無効になってしまうことも増えている。

では、10年、20年、さらには一生有効であろうとするクリエイティヴ教育の色《いろ》褪《あ》せない普遍のメソッドとは何か？　それは知的インプットのやり方を教えることなのではと私は考える。

編集者であり大学教授でもある私は、30年以上のキャリアのなかで、内外《ないがい》の2000人以上の第一線のクリエイターと仕事し、取材し、対談してきた。

ジャンルも、映画監督、ファッションデザイナー、作家、グラフィックデザイナー、写真家、現代美術のアーティスト、建築家、音楽家、哲学者、ダンサーなど、領域横断的にさまざまな才能ある人たちと出会い、共同作業をしてきた。

また日本人の編集者のなかでは、最も海外のクリエイターと仕事をしてきた者のひとりだという自負もある。

それらの多様な出会いと仕事を通して得たひとつの確信がある。


「アウトプットの質と量は、インプットの質と量が決める」

つまり、優《すぐ》れたクリエイターのアウトプットの質と量は、その人のインプットの質と量に負っている。普段の、そしてそれまでの知的インプットの質と量が低いのに、優れたアウトプットの質と量を長年キープしている人というのに、私は今まで出会ったことがない。

もちろん、例外的な事例もある。それほど知的インプットを蓄えていない若いクリエイターが、それまでの慣習や文脈とは異なる斬新《ざんしん》な作品を発表することは、さまざまな分野で起きる。

しかし、問題はその若いクリエイターがその後も長年にわたって知的アウトプットの質と量をキープできるかどうか。一発屋にならずに、その後も継続的に良質なアウトプットを出し続けられるかは、その人の普段のインプット力に依《よ》るところが大きい。

ところが、巷《ちまた》に氾濫《はんらん》するさまざまなクリエイションに関するノウハウ本——編集、デザインから広告、企画からブランディングまで——の多くは、「いかに、すぐにアウトプットするか？」を説いているものが主流だ。

もちろん、来週のプレゼン、来週の編集会議、または差し迫ったスタッフ・ミーティングのために、それらのクリエイティヴ・ノウハウ本からアイデアを借用したいと思う気持ちは理解できる。自分も20代の頃は、それらの本をすがるように読んだものだ。

しかし、すぐに使えそうなアイデアやテクニック、時流にピッタリ合ったクリエイティヴのトーン&マナーというのは、賞味期限が悲しいほどに短い。

いま流行っている「TikTok《ティックトック》」動画や、ヒットしているポップ・ミュージック、最新のファッション・トレンドを勉強して、それらのフォロワー的なアウトプットを出すようなもので、二番煎《にばんせん》じがある程度の売り上げを占めることはよくあるが、二番煎じを続けていてクリエイティヴの第一線で長年活躍することは、評価の面はもちろん、商業の面でもむずかしいだろう。

ここで私のクリエイティヴ教育の歴史について少し説明したい。

私は「編集スパルタ塾」というプロ向けの編集ゼミナールを2013年から隔週で始め、多摩美術大学で2014年から非常勤講師を4年間、2022年から東北芸術工科大学で教授を務め、そして2020年から渋谷パルコの教育専用スペース〈GAKU《ガク》〉で「東京芸術中学」という中学生向けアートスクールを主宰して毎週土曜日に開講している。

また、2024年4月からは、博報堂《はくほうどう》の教育研究機関「UNIVERSITY of CREATIVITY」と共同主宰で「スパルタ塾・オブ・クリエイティビティ」という学生&プロ向けのゼミナールを立ち上げ、年間22回もの講義を行っている。

それら、中学生から大学生、そしてプロまでを相手に日常的にクリエイティヴ教育を実践している立場として、「すぐに使え、すぐに廃《すた》れる」アウトプット術のノウハウを教えることは、彼らの長いクリエイティヴ人生において、ほとんど無益なのではと思っている。

重要なのは「クリエイティヴであり続ける生き方」を保つ方法を教えることではないか。それが自分の経験に裏打ちされた信念だ。

そして、優秀な生徒ほど、すぐに役立つノウハウではなく、廃れないエッセンシャルな考え方――それは哲学とも言っていい――を学ばんとしている。

そこで、私もそんな彼らの気持ちに応えたいと思い、かつそのようなエッセンシャルな、普遍性と汎用性《はんようせい》のあるクリエイティヴ教育のメソッドをここにまとめたいと考えた。

それがこの本になる。

しかし、若い人、特に差し迫って何かをすぐに発表したい、表現したいと思う人には「そんな、いつ役に立つのかわからないことではなくて、来週中にカタチにして出したいから、今すぐできる方法を知りたいんです」という人もいるだろう。

前述したように、自分の20代もそういう気分だった。そして、「今すぐできる」ノウハウやアイデアを用いて、ひどいものをたくさん作ったものだ。

そうして年月の経過やたくさんの経験を積んだからこそわかることがあり、数多くのさまざまな才能と出会ったことからわかることもある。

「人は簡単にクリエイティヴにならないし、簡単にクリエイティヴになったつもりの人の多くは、長くそれを維持できない」

よって、この本は簡単ではないことを書いている。人によってはうんざりするような気分になるかもしれない。

そう、これは登山やマラソンの指南書に似ている。

誰でもハイキングはできるが、エベレスト級の登山は誰でもできるわけではない。誰でもジョギングはできるが、マラソン大会に出続けることは、誰でもできるわけではない。

プロのクリエイターになり、それで第一線に居続けるというのも同じこと。

その大変さを認識したうえで、それを精神論にはしたくないと考えた。

登山やマラソンを確実に安全に実行するために、さまざまな知恵や工夫が必要なように、クリエイティヴな人生を維持するためにも、さまざまな知恵や工夫が必要となる。

また私は、「生まれつきの天才はいない」と考えている。

「生まれつき登山の天才」や「生まれつきマラソンの天才」がいないように、「生まれつきクリエイティヴの天才」もいない。

その理由と、ではどうしたら天才に近づけるかを本書で明かしていきたい。

この本は、「クリエイティヴな人生」という山登りを継続するための指南書でありたいと願っている。幸運なことに、それら創造の頂《いただき》に何度も到達した人たちとたくさん出会い、彼らからその極意を深く拝聴する機会に恵まれた。

またクリエイティヴ教育に携《たずさ》わるなかで、それに関する本や文献を貪欲《どんよく》に読み込んできた。それらを惜しみなく、ここでは開示したいと思う。

メディアの環境が激変し、インターネットやSNSの普及によって、クリエイター自身の存在が今まで以上に可視化される現在は、好むと好まざるとにかかわらず、クリエイター自身が作品以上に評価の対象になってきた。

そうなると、クリエイターは「人生を作品化」しなければならない。ますます長くなる人生を過ごす、ますます可視化されるクリエイターとその志望者たちが、いかにクリエイティヴな山登りやマラソンを維持できるのか。本書はそのための30年分以上の経験と蓄積から生まれた指南書だ。

何度もいうが、それは簡単なことではない。

ただし、これらの知恵や工夫を生かして高い山に登れた人の視界には、ふつうの人が味わえない光景が広がっていることを約束したい。

インプット・ルーティン

天才はいない。天才になる習慣があるだけだ。

菅付雅信

ダイヤモンド社

目次

第2章　目のインプット・読書編

「負荷のある読書」、それに勝るインプットはない。

第3章　目のインプット・イメージ編

写真・映画・アートの「三大視覚芸術」をインプットせよ。

第4章　耳のインプット

音楽のセンスが悪い人間は、クリエイティヴのセンスも悪い。

第5章 口のインプット

トップクリエイターは、なぜ「食べ方」に気を使うのか？

第6章　アウトプットの方程式

優れたアウトプットとは、「意外性のある組み合わせ」である。

※本文中の引用において難読、読みやすさの観点から筆者によるルビを振った箇所があることを注記いたします。

第1章　インプットのルーティン

天才はアイデアを生み出す
「仕組み」を持っている。

新しいアイデアは、「A×B／C」によって生まれる。

数々のクリエイターが〝バイブル〟として愛読している『アイデアのつくり方』（1940年刊）という古典がある。アメリカの広告代理店のプランナーとして長く活躍したジェームス・W・ヤングによるアイデアを生み出すための指南書だが、彼はそこでアイデアを次のように定義している。

「アイデアとは既存の要素の新しい組み合わせ以外の何ものでもない」

つまり「アイデアのつくり方」を端的な言葉にすると、以下のようになる。

新しいアイデア ＝ 既存のアイデア × 既存のアイデア

これが、アイデアの公式だ。x＝A×Bといったくらいに、シンプルな公式だろう。アイデアというのは、何もないところから突然魔法のように生まれてくるものではない。ヤング曰《いわ》く「フォードの車が製造される方法と全く同じ明確な方法」、すなわち既存のアイデア（要素）の掛け算によって生まれるものなのである。

クリエイティヴに携わる人にとってはあまりに有名な公式だが、この式を知ったところで残念ながらすぐに新しいアイデアが生まれてくるわけではない。掛け算が成り立つためには、当然ではあるが、大前提として「既存の要素・アイデア」を数多く知っておかなければならない。頭の中に過去のデータが大量に入っているからこそ、その新しい組み合わせも生まれてくるのだ。

ヤングが語った公式はたしかに正しいと思えるが、私からするといちばん重要な分母の部分が抜け落ちている。アイデアのつくり方とは、より正確に言うならば、

既存のアイデア × 既存のアイデア

ではなく、

既存のアイデア × 既存のアイデア ／ 大量のインプット

である。

つまり、アイデアは、「A×B／C」によって生まれる。

天才は「ひらめき」に頼らない。アイデアを生み出す「仕組み」を持っている。

この分母Cこそが、本書のテーマ「インプット・ルーティン」だ。

編集者という職業柄、これまで数多くの才能たちと出会ってきたが、クリエイティヴな人々の多くが、独自のインプットの習慣＝ルーティンを持っていた。新しいアイデアを常に生み出すために、分母であるＣの部分、すなわち大量のインプットを習慣として仕組み化しているのだ。

「どうやって、アイデアを／イメージを思いつきますか？」

国内外のアーティスト、作家、写真家、ライター、グラフィックデザイナーとさまざまな仕事をしてきたが、そのたびに私はこの質問を手をかえ品をかえ、彼らに尋ねてきた。クリエイティヴのプロとして活躍し続ける秘訣を知りたいからである。

彼らの回答の多くは次のようなものであった。

「アイデアは思いつくものではない。出るものだ」と。

さらには、こう語る者もいた。

「すばらしいアイデアやイメージが急に降りてくる、または爆発的にひらめくということを期待しないほうがいい」と。

私が彼らから学んだことは、トップのクリエイターほど「アイデアやイメージが確実に生まれてくる日常的な仕組み」を持っているということだ。

私がこれまで仕事をしてきた「天才」と称されるクリエイターたちは、たとえば音楽家の坂本龍一氏にしろ、写真家の篠山紀信氏にしろ、どんな課題に対しても「ほぼ即答に近いかたち」でアイデアを出すことができるのを私は仕事の現場で目《ま》の当たりにしてきた。彼らは日々膨大《ぼうだい》にインプットし、膨大なアイデアの掛け算を頭の中で試しているからこそ、そんな芸当も可能になるのだ。

天才と呼ばれても、彼らはけっして己《おのれ》の才能を過信しない。そもそも自分の中からとめどなくアイデアやイメージが湧いてくるとは思っていない。

「このパターンは、あれと組み合わせると面白くなりそう」「この切り口は、何かに使えそうだ」「このネタは使いたいけど、今じゃないかな」……。彼らが一般人と異なるのは、その天才性というより、ネタのストックの量と、ネタの組み合わせの試行錯誤数だ。

クリエイティヴを生業《なりわい》とする職業である以上、どんな仕事においても毎回優れたアウトプットが求められる。そのときに頼るべきは、偶発的なひらめきなどではなく、アイデアを生み出し続ける仕組みであり、それを支える日常的な基盤なのである。

「習慣」に「精度」を掛け合わせて、はじめてプロへの道はひらかれる。

ここで少し疑問に思う方もいるかもしれない。

「自分もSNSを使って毎日大量に知識や情報をインプットしているけれど、優れたアウトプットは一向に出てこない」と。

そこにはインプット術に関する大きな勘違いがある。

才人のインプット法は、その内実は、本を読む、新聞・雑誌を読む、映画を見る、音楽を聴く、美術館・ギャラリーに通う、知恵ある人と会う、旅をする、といった傍目《はため》には案外あり触れた行動だったりするが、注意して見ると一般人とは大きな、そして決定的な違いがある。

先のマラソンの比喩《ひゆ》でいうと、優れたマラソンの指南書は「マラソンの成績を上げるには、日々たくさん走ること。以上」と書いているわけではない。日常的に走ることは肝心だが、人はそんなにたくさん走れるわけではない。トレーニングの量は大事だが、量の追求はすぐに限界がくる。

スポーツにおいてもクリエイティヴ・ビジネスにおいても、アマチュアとプロのいちばんの違いは何か。それはトレーニングの精度である。

第一線のプロは、やみくもに大量の知識や情報をインプットしているのではない。それであれば、SNS漬けの人間はみな、優れたクリエイターになれるはずだが、そんなことはめったにない。プロは、「精度の高いインプットを仕組み化している」のである。

では、精度の高いインプットとはどういう行為か？

ひと言でいえば、「選ぶ」ということだ。

たとえば映画好きの人は多くいるが、映画をクリエイティヴの重要なインプット・ソースと見なすプロや（多くのクリエイターはそうだろう）、実際に映画／映像を生業にしている人は、普段の映画のインプット法が違う。

テレビのCMやワイドショウ、ネットの口コミで話題になっているから、またはなんとなく目についたから見るというのは、プロの選択法としてはあまり賢明とは言えない。

プロが評価する、またはプロの間で賛否両論なものこそを見るプロは多く、私も同様にそれらを優先的に見るようにしている。

海外の新作映画でいえば、私は「Rotten Tomatoes《ロッテン・トマト》」というアメリカの映画レビューサイトで評価が高いものを、選択のひとつの指標にしている。映画のレビューサイトは数多く存在するが、そのなかで「Rotten Tomatoes」を選ぶ理由は、プロの批評家と一般視聴者の批評の両方がしっかり併記されて、採点・集計化されていること。加えてプロのレビューが数多く表記されていることも判断に役立つ。

また三大映画祭――カンヌ、ヴェネチア、ベルリン――の主な受賞作は必ず見るようにしている。たとえそれが、どんなに「退屈な芸術映画」であっても。

本の書評や音楽のディスクレビュー、アートの展評も同様で、私はさまざまなジャンルのプロによる評論／レビューを読むことを日課にし、それらをもとに、何を見るか／読むか／聴くかを意識的に選択している。

なぜ「意識的な選択」が必要なのか？

その問いに答える前に、もっと大きな問いを立ててみよう。

「人生でいちばん大事なものは何か？」

私は時間だと考える。お金も愛も友情もあとで取り戻すことはできるが、時間だけは絶対にできない。ゆえに「時間の有限性」を人一倍認識したところから、より良いインプット法が生まれる。

私たちは無限に本を読むことも、映画を見ることも、音楽を聴くことも残念ながらできない。

さらに昨今は、コンテンツがあふれかえる時代だ。SNSを覗き込めば、とても追いきれない新しい情報でタイムラインが埋め尽くされている。Spotify《スポティファイ》をひらけば、7000万曲もの楽曲が配信され、毎日膨大な曲が更新されていく。

ゆえに私たちは判別し、選択しないといけない。


何を読んで、何を読まないか。

何を見て、何を見ないか。

何を聴いて、何を聴かないか、を。

自分を賢くしないものを、自分の目と耳と口に入れない。

英語には「You are what you eat」という慣用句がある。

「あなたはあなたが食べたものでできている」という意味だ。

ベストセラー『生物と無生物のあいだ』で知られる生物学者・福岡伸一《ふくおかしんいち》氏の唱える動的平衡論《どうてきへいこう》によると、私たち人間の身体《からだ》の細胞は骨を除くと、ほぼ2年で完全に入れ替わるという。それは何によって入れ替わっているのか？　私たちは私たちが食べたもの＝what you eatによって、身体のすべてが形成され、入れ替わっているのだ。あなたが食べたオーガニック野菜もジャンクフードも、必ずあなたの身体の一部になる。

クリエイティヴに関しても、まったく同じことが言えるだろう。

先の英文に即した慣用句に「You are what you read」というものがあるが、それをさらに拡大して考えると、こういう一文になるだろう。

You are what you read, see and listen

つまり、「あなたはあなたが読んだもの、見たもの、聴いたものによってできている」。

これをこの本の主題に即していうと、「あなたはあなたがインプットしたものによってできている」と言い換えられる。

あなたはあなたがインプットしたものでしかできていないのであれば、よりクリエイティヴな人間になるには、より良いインプットを行うしかない。

ここで私が出会ってきた多くの優れたクリエイターが実践していることを総合し、そこから抽出される日常的方法論を一行で要約すると、次の言葉になる。

「自分を賢くしないものを、自分の目と耳と口に入れない」

唖然《あぜん》とするほどシンプルな方法だろう。

情報の洪水に翻弄《ほんろう》されず、自分を賢くするものだけを常に選び、身体に入れること。

これはクリエイティヴ教育におけるもっとも重要なテーゼであり、本書で伝えたいことのコアだといっていい。

漫画の巨人、手塚治虫《てづかおさむ》もこう言っている。

「君たち、漫画から漫画の勉強をするのはやめなさい。一流の映画を見ろ、一流の音楽を聞け、一流の芝居を見ろ、一流の本を読め。そして、それから自分の世界を作れ」

「いいもの」ではなく、「すごいもの」をインプットする。

インプットの質と量を考えるうえでベンチマークになる一冊に、『打ちのめされるようなすごい本』（文春文庫）がある。亡き通訳者でありエッセイスト米原万里《よねはらまり》の書評を網羅した名著だ。

米原の読書狂はかなり知られるところで、本人もこう記している。「食べるのと歩くのと読むのは、かなり速い。（中略）ここ二〇年ほど一日平均七冊を維持してきた」。一日平均7冊とは驚異の読書量だが、本書の核は「すごい本」の紹介とその表現の巧《たく》みさにある。

たとえば、トマス・H・クックの『夜の記憶』について、米原はこう紹介している。

「軽い気持ちで頁《ページ》を捲《めく》るや、恐怖で身体が強《こわ》ばり、読み終えずに寝たら悪夢にうなされそうな気がして書庫の床に座ったまま最終頁まで突き進んだ」。

オリバー・サックスの『手話の世界へ』については、「発見の驚きと喜びに満ちた本だ。読了後、付箋《ふせん》をつけた頁の方がつけない頁を上回ったことに気付いた。その付箋が、私の目から剥《は》がれた鱗《うろこ》にも見えてくる」。

プーラン・デヴィの『女盗賊プーラン』をめぐっては、「昨年インドの総選挙で貧困層の圧倒的支持を得て国会議員に当選した元女盗賊の半生記である。（中略）なお老婆心《ろうばしん》ながらご注意申し上げる。並みの意志力しかお持ちでない方は、この本を開く前に、火急な用事は片づけておくこと。読み始めたら最後のピリオドまで、たとえ火事でも中断するのは不可能であるからだけではない。読了後は最低丸一日茫然自失《ぼうぜんじしつ》状態に陥って何も手に付かなくなるからだ」。

これらのような強烈な読書体験を促《うなが》す名著・珍著をこの本はたたみかけるように紹介しており、読書というインプットの質と量を考えるうえで最高の指南書になっている。

しかし、私たちの多くは通訳者でも書評家でもないので、米原の一日平均7冊というインプット量よりも、米原のインプットの質＝「すごい本」を選び、読み、深く理解する力にフォーカスしたい。

ではクリエイションにおいて「いい」と「すごい」の境目は、どこにあるのか？

これは私の定義だが、世に出たときに誰もが気持ちよく思えるようなものは「いい」ものであり、世に出たときに賛否は分かれるが、歴史にくさびを打つものが「すごい」ものだと考える。英語で言えば「good」と「great」の違いと言えばいいか。

なかには流行のヒット作でありながらも、時代を超えた名作として評価されるものもある。つまり、世に出たときに「いい」ものであり、かつ時代を超えた「すごい」ものになるものもある。

すごい作品は、それまで存在していた作品に対する疑念や否定と、それらを乗り越えようとする歴史的な視点がある。また、「すごい」ものとは、受け取る者の価値観を揺さぶるような大きな「問い」が含まれているものだとも言える。

たとえば20世紀のアートでいうと、マルセル・デュシャンの「泉《いずみ》」やジャクソン・ポロックのアクション・ペインティング。

音楽でいうと、坂本龍一の『千《せん》のナイフ』やマイルス・デイヴィスの『カインド・オブ・ブルー』や『ビッチェズ・ブリュー』。

映画では、ジャン＝リュック・ゴダールの『気狂《きち》いピエロ』やスタンリー・キューブリックの『2001年宇宙の旅』、フランシス・コッポラの『地獄の黙示録《もくしろく》』や黒澤《くろさわ》明《あきら》の『羅生門《らしょうもん》』、クリストファー・ノーランの『インターステラー』。

ファッションでは、80年代初頭の川久保玲《かわくぼれい》のコムデギャルソンや90年代初頭のマルタン・マルジェラなどが、賛否両論ありながらも時代を超えた「すごいもの」の代表と言えるだろう。

このような芸術・文化の「すごい」作品リストを本書の中でたびたび掲載しているので、インプットの参考にしてほしい。

この「いい」と「すごい」の差に敏感であること、そして「すごいもの」を的確に選び取ること、それがプロのクリエイターには求められる。「いいもの」は日常にもあふれているが、「すごいもの」は数少ない。よって、そこそこの「いい本」を10冊読むより、「すごい本」を1冊読むほうが頭のトレーニングになると考えるし、大きな時間の節約にもなる。

第一線のプロは忙しいのだから、そこそこのものをインプットするのは時間の無駄だ。よく「読書好き」を公言する人で、そのわりには教養のない人は、そこそこの本ばかりを読んでいることが多い。

「そこそこ」を回避するためには、インプットをするときに問うてみるといい。「はたしてこれは自分を賢くしてくれるものなのか、否《いな》か？」と。

歴史や他者からの評価にさらされた基準に加えて、「いい」と「すごい」の違いを判別できる自分自身の選択の勘をしっかり養っていくことが、インプット・ルーティンの肝になってくる。

さらに言うと「いいもの」は、ある程度のトレーニングをすれば、誰でもつくれる。これからAIがクリエイティヴ領域のなかに急速に浸透していくので、そこそこの「いいもの」は、人間の知恵を借りずともAIがつくってくれる時代になる。

しかし、「すごいもの」は誰でもつくれるわけではない。ＡＩはリスクのある答えを出さないので、ＡＩに「すごいもの」はつくれない。

そして「すごいもの」を知らずして、「すごいもの」はつくれない。

特に若いクリエイターは、自分の中に「すごいもの」のレファレンス（基準）を持っているかどうかが決定的な差になる。若くてまだ成功していない人でも、会って話をするとそのレファレンスが本人のなかにあるかどうかがすぐにわかるものだ。そのような高いレファレンスを持っている若い人は、たいていい成功する。

課題を与えられてから考え始める人間は、クリエイティヴにはなれない。

「編集スパルタ塾」という、私が下北沢《しもきたざわ》の書店「Ｂ＆Ｂ」で２０１３年から主宰しているプロ向けのクリエイティヴ・ゼミナールがある。

1年間22回のコースで、雑誌編集長から大手新聞社、広告代理店のクリエイティヴ・ディレクター、アートディレクター、プロダクトデザイナーから芥川《あくたがわ》賞作家まで、日本を代表するトップクリエイター合計十数名のゲスト講師からのきわめて実践的な課題を受講生が発表し講評する講義と、私の編集講義の2本立てになっている。

ゲスト講師陣から提示される課題――たとえば『ブルータス』の特集企画の提案（ブルータス編集長からの課題）」「朝日新聞の新たなサブスク・モデル（朝日新聞メディア戦略室専任部長からの課題）」「虎屋《とらや》の対外向けブランディング戦略（虎屋のブランディングを手がけるアートディレクターからの課題）」といった課題――に対し、受講生がプレゼン形式で発表し、ゲスト講師陣と私で厳しめに講評するという仕組みがある。

また課題発表の成績が悪い人は半年経った段階で強制的に辞めてもらい、残りの授業料を返金するというスパルタなゼミになっている。よって、1年間の講義を最後まで受講できた人たちを「サヴァイヴァー」と呼んでいる。

この「編集スパルタ塾」の課題発表に関して思うのは、課題が告知されたときに、毎回まったくゼロから考えようとする人は、優れた課題提出はできないということだ。

毎年4月の新期開講時にゲスト講師陣の名前は受講生全員に伝えてある。そのときから課題に関しての予見的リサーチは始めたほうがいい。いや、その前から、総合的な、ジェネラルなリサーチ――つまりこれこそがインプット・ルーティンなのだが――をしていたほうが、さまざまな角度から飛んでくる難易度の高い課題の球を打ち返す力がつく。

良い課題提出ができる人は、課題が与えられる前から、すでに何かしらその領域ないしはそのクリエイターについて何度も考えている。普段から、日常的に。普段考えていなくても、視野には入っていると言ってもいいだろう。

これは料理人も同じだろう。魚河岸《うおがし》に行って、普段扱っていない魚があったとしても、良い料理人は「こういう魚が手に入ったら、こういう料理をつくりたい」と日常的に思考しているから、その食材を手に入れた当日にすばらしい料理をつくることができる。普段何も考えていない料理人が、はじめての食材で傑出《けっしゅつ》した料理をつくることは、ほぼあり得ない。

「笑いの天才」と称され、惜しまれつつ芸能界を引退した島田紳助《しまだしんすけ》は、2007年に吉本興業の芸人養成所でたった一度だけ若手に向けて行った「伝説の講義」で同じようなことを伝えていた。

「俺、高校の同級生とよく遊んでるのやけど、料理人と一緒で、たとえばここにキャベツがあったとするやんか？　素人《しろうと》はキャベツはキャベツにしか見えへんねん。でも俺はキャベツ見たときな、『うわ、これこうしたら、おもしろなるんちゃうか？　あ、これ、こうなったら、こうしたろ。うわ、おもろ！』って、勝手に思うわけやねん。それを喋《しゃべ》ってるだけやねん。（中略）だから、絶えずそうやって自分たちのなかで料理をつくっていかなあかん。感じる心を持って」

インプット・ルーティン的に解釈すると、島田紳助は普段友人と遊んでいるときも絶えず「A×B／C」を行っている人間だからこそ、テレビ番組のフリートークでどんな話題が飛んできても、常に面白い話ができた。日常的にどれだけインプットして、どれだけあらゆる対象について思考をくり返しているかが、クリエイティヴの質に直結する。

何事も、話がきてからはじめて考え出すようでは、遅いのである。

覚悟の日常化が「高い山を登る者」と「その他大勢」とをへだてる。

ここまでの話を、少し整理してみよう。

前提として、アイデア（良いアウトプット）が生まれる公式は「A×B／C」であるという話をした。

第一段階は、「精度の高いインプットを習慣にする」ことだ。量は大事だが、やみくもにインプットならなんでもいい、ではない。常に「自分を賢くするもの」を選ぼう。

第二段階は、それをベースに「A×B」の組み合わせをひたすら試すことだ。料理人のように、「食材」と「調理」の組み合わせを、要素と要素の組み合わせを、頭の中で試行錯誤する。

そして第三段階は、「それらを長く続ける」ことだ。

図にすると、左のようになる。

STEP 1 C インプットする

← STEP 2 $A \times B$ 組み合わす

← STEP 3 $\dfrac{A \times B}{C}$ 長く続ける

何度もくり返すように、驚くほどシンプルな結論である。

だが、シンプルだからといって誰もができるわけではない。「腹部の筋力を鍛《きた》えるためには腹筋を毎日100回やればいい。単純です」とトレーナーに言われたとしても、やり続けることができる人は、ごく一部だろう。

インプット・ルーティンをやり続けるとは、楽ではない日常を選ぶということであり、それはクリエイティヴな人生を選ぶということだ。

しかし、先立つものは強いモチベーションである。山登りをしたくない人にいくら山登りのすばらしさを語っても無駄であり、マラソンに関心がない人にそのトレーニング法を伝授しようとしてもむずかしい。

まずは「クリエイティヴな仕事を一生続けていきたい」というモチベーションがないかぎり、知的トレーニングを続けてはいけない。自分を突き動かすような、マグマのような強いモチベーションを持つ機会がないと、クリエイティヴな仕事をずっと続けていけないだろうと経験則からして思う。

精神論を語りたくないと「はじめに」で述べたが、ここでは精神論的なことを語ることを許してほしい。まずは自分を突き動かすモチベーションを見つける、または再発見しよう。実は心の中の明るい願望よりも、考え出すと眠れなくなるくらいの悔しさのほうが、強いモチベーションになることも多い。

そしてモチベーションを確認したあとは、ひたすら技術的にアタマを鍛錬《たんれん》しよう。

私が幾多の第一線のクリエイターたちとの出会いを通じていちばん感じたのは、彼らの「覚悟」の強さだ。「高い山を登るんだ」と覚悟を決めた者の言葉と姿勢を、肌で感じてきた。

たとえばアートの世界では、そのような覚悟の強い人が多い。現代美術家／写真家の杉本博司《すぎもとひろし》氏は、世界でも最も高額で写真作品が売買される作家だが、彼は20代前半にアメリカの大学で写真を勉強するために留学した際は、成功するまではけっして日本に帰らない決意で渡ったと私のインタビューで語っていた（拙著『写真が終わる前に』収録）。

さらに、杉本は現代美術としての写真を撮ると決めて、広告や商業仕事の写真は一切撮らない覚悟で写真を始めたとも語っている。

また私は、若手の画家として注目を集める武田鉄平《たけだてっぺい》氏の初画集『PAINTINGS OF PAINTING』を編集・出版しているが、武田は10年近く絵の試行錯誤をくり返した挙句、ようやく現在の抽象的な肖像画の方法論を確立した経過がある。

彼がその方法論にたどりついた際に、それまでの試行錯誤の痕跡《こんせき》がある過去の絵をすべて河川敷に持っていき、そこで焼いたという強烈なエピソードがある。

このように、強い「覚悟」が人をクリエイティヴにする。

もちろん、多くのクリエイター志願者が若いときにかなり無理めな「覚悟」を語ることはよくあり、それは許される若気《わかげ》のいたりだと思う。

肝心なのは、その覚悟が日々の生活に実装されているかどうかだ。

ときどき、覚悟をこれ見よがしに誇示するかのように、がむしゃらに瞬間最大風速的に努力する人がいるが、たいていそれは長続きしない。日々淡々と、かつ厳しめのルーティンを実践するのかどうかが肝心なのだ。

それを私は「覚悟の日常化」と呼んでいる。

ときどきしか覚悟を示せないのは、覚悟がないのと同じだ。

モチベーションを保つために、自分だけの「ロール・モデル」を見つけよ。

クリエイターにとっての「覚悟＝強いモチベーション」の設定には、大きく分けると2種類の方法があるだろう。

ひとつは「ロール・モデル」、もうひとつは「歴史に名前を刻《きざ》む」ことだ。「ロール・モデル（目標となる人物）」という方法論はわかりやすい。人は人に憧れる生き物だ。クリエイションの領域で、憧れる、指針となる人物をひとりまたは複数持つことは、モチベーションを維持するうえでもっともオーソドックスかつ方向を見誤りにくくする方法である。

特に若い人は、このロール・モデル設定が、その生き様を学習しやすく、共感しやすく、かつ自分ごと化して考えやすいだろう。ロール・モデルとなる人物の自叙伝または経歴の記事を読んで、もしくは直接本人から話を聞けるような環境を自ら作り出して「あの人も若いときはこうしていたのだから、自分もこうすればいいはず」と考えるのは、等身大の方法論としてとても実践しやすいのではと思える。

私も複数のロール・モデルを、時代／状況と共に変化させながら目標設定として持ち続けてきた。

また、単に憧れとしての「ロール・モデル」ではなく、仮想敵または否定の対象としての「ロール・モデル」というのもある。

ユース・カルチャー＝若者文化の革新的表現者は、上の世代の仮想敵または否定の対象をいかに破壊的に乗り越えるかというモチベーションを持ってデビューした者が多い。アートにおけるダダイズムやイタリア未来派、ロシア・アヴァンギャルドもそうだろうし、音楽のパンクロックやヒップホップの誕生もそうだろう。

ユース・カルチャーがときにカウンター・カルチャー＝対抗文化と呼ばれるのも、そのような否定的ロール・モデルに対するアンチテーゼとして発展することがあるからだ。

もうひとつの「歴史に名前を刻む」という方法論は、その言葉の大げささから想像できるように、簡単ではない。しかし、少年期から青年期を過ぎたクリエイターにとって、またすでにある程度作品を世に出した状態の人にとって、次なる山頂、次なるゴール地点を設定するにあたって有効だろう。

それは教科書で描かれる「世界史」という途方もなく大きな歴史に名前を刻むということでなくていい。たとえば、グラフィックデザイナーならグラフィックデザインの歴史に、広告のコピーライターやクリエイティヴ・ディレクターなら広告の歴史に、写真家なら写真史に、それらさまざまな領域の歴史に何か自分なりのくさびを打つことができているか。

それを考え実行するというのが、長きにわたってクリエイティヴなモチベーションを維持するうえでかなり有効な方法論だ。

「暇つぶし」があふれる時代に、何に時間を使うべきか?

強いモチベーションをもとに活躍し続ける才人たちにほぼ共通する時間の使い方として、「暇つぶしをしない」ということがある。

それは働きづめであることや、休息を取らないこととはまったく異なる。

彼らは仕事のオンとオフがはっきりしている。オフの時間をしっかり確保し、オフはしっかり休んでリラックスに徹し、または身体を動かし、ときに旅に出る。

そのように、仕事モードとの切り替えが上手な人が多い。

そしてオンのモードのときは、隙間《すきま》時間さえもハードな知的インプットに余念がない。移動中も待ち時間も、何かしら知的インプットを行う。暇つぶしではなく。

そんな彼らのバッグの中身を見せてもらうと、現在並行して読んでいる本や雑誌や資料でパンパンになっていることが多くある。デジタルデバイスで読んでいる人はかなり少ない。

もちろん、日常でさまざまな息抜きは必要だろう。だが息抜きという言葉が包摂《ほうせつ》する休息と暇つぶしの違いには、クリエイティヴに生きようとする者は敏感になったほうがいい。

日常におけるいちばんの休息は睡眠であり、それは目を閉じて脳を休めることだ。ところが現在の暇つぶしの多くは、目を酷使する視覚的エンタテインメントとなっている。テレビ、ゲーム、ネットとSNS、配信ドラマにマンガといった視覚的エンタテインメントは、目も脳も休ませない。特にスマホやデジタルデバイスの普及によって、いつでもどこでも瞬時に視覚的エンタテインメントが見られるようになったおかげで、暇つぶしの時間が日常のなかで広く偏在《へんざい》するようになってしまった。

そのことは、もっともっと危険視したほうがいい。

ここでエンタテインメント全般を否定する気はまったくない。ここで問題視しているのは、エンタテインメントのコンテンツではなく、それらとの接し方だ。

「暇つぶし」は英語では「killing time」という。

つまり「時間を殺す」という意味だ。

私は日常的に「暇つぶし」をやることは「killing life」、つまり「人生を殺す」ことだと考える。

ときにトップのクリエイターたちも暇つぶしをすることはあるだろう。しかし日常的かつ頻繁に「暇つぶし」をしている人のクリエイションが人々の心を大きく動かす、さらには動かし続けることは、きわめて稀《まれ》だ。

もしあなたがクリエイティヴを志す人間であるのであれば、自分の人生の使い方をいま一度考えてみたほうがいい。

killing life をしている間に人生は終わってしまうのだから。

第2章

目のインプット・読書編

「負荷のある読書」、
それに勝るインプットはない。

ファッションの帝王は、30万冊の蔵書を外付けハードディスクとして利用する。

カール・ラガーフェルド（1933－2019）という人物を、ご存じだろうか？

シャネル、フェンディのデザイナーを長年務め、ファッションの帝王として知られた伝説的存在である。その現代の皇帝のような威風堂々《いふうどうどう》としたたたずまいと、他を圧倒する教養、毒舌の物言いで知られ、彼の語録をまとめた本『カール・ラガーフェルドのことば』もある。


そのラガーフェルドが2000年にシャネルのファッション・ショウで来日する際にロング・インタビューする貴重な機会を得た。

恵比寿《えびす》のガーデンプレイスで行われたこのショウは、屋外に特設のランウェイを設け、世界のトップモデル76名が集結し、4億円の巨費をかけ、わずか数十分で終了した一大イベント。そのショウのために来日したラガーフェルドを恵比寿ウェスティン・ホテルの一室で取材した際、本好きで有名な彼に読書の話題を振ったところ、日本の写真家の写真集を集めているという驚きの事実に話が及んだ。

彼はなかでも日本で60年代から70年代にかけて発刊されていた写真同人誌「プロヴォーク」系の写真家、中平卓馬《なかひらたくま》、高梨豊《たかなしゆたか》、森山大道《もりやまだいどう》などを好んで集めているという。シャネルの優雅なデザイナーが日本の荒々しくドキュメンタルな写真集を愛しているという話に、私は思わず「本当ですか？」と問いかけてしまった。すると彼は、傍《かたわ》らに直立不動で立っている男性アシスタントのほうを向いて指をパチンと鳴らした。一目散で部屋から出ていったアシスタントの姿に、いったい何が起きるのだろうと思っていたら、アシスタントはすごい勢いで隣の部屋から大きなカートを持ってきた。そのカートには、日本のプロヴォーク系の写真集が山積みになっていたのだ。

ラガーフェルドは「どうだ！」と言わんばかりの笑顔でこちらを見据《みす》えて、言った。

「私は旅をするときも、常に膨大な蔵書の一部と共に移動している。これらが私の外付けハードディスクなんだ」と。

読書家ラガーフェルドをいちばん象徴する写真は、30万冊を擁《よう》する彼の自宅アーカイブ（書庫）でのものが知られている。日本の平均的な書店の在庫数が1万冊だから、これがどれほどの量だか想像できるだろう。

彼は本を購入する際、常に同じ本を3冊購入したという。

1冊は、読むため。1冊は、切り抜くため。そしてもう1冊は、自分が複数所有している書庫に保管するため。

ラガーフェルドは自身の読書欲に関して、こうも言っている。

「本というのは表紙のあるドラッグで、いくらやったって過剰摂取にはならない。わたしは本の犠牲者だ。そうであることが幸せだ」

桁《けた》はずれのクリエイターたちは皆、桁はずれの読書家である。

ニューヨーク在住のアートディレクター、ファビアン・バロンの事務所「バロン&バロン」も、ラガーフェルドの書庫に引けを取らず、頭抜《ずぬ》けた蔵書を誇っていた。

ファビアン・バロンは『ヴォーグ』のイタリア版とフランス版、『ハーパーズ・バザー』、『インタビュー・マガジン』のアートディレクションを手掛け、広告ではカルヴァン・クライン、ディオール、モンクレール、ザラを手がけ、なかでもザラでは、ロゴ、広告、パッケージ、ウェブ、インテリアなど服以外のすべてを手掛けるスーパー・アートディレクターである。

アートディレクターとして世界でいちばん知られる存在と言っていい。

私はバロンに上田義彦《うえだよしひこ》氏の写真集『68TH STREET』と武田鉄平氏の画集『PAINTINGS OF PAINTING』という2冊のブックデザインをお願いし、それらの打ち合わせで数回彼のオフィスを訪れている。

内部に写真スタジオから映像の編集室までを備えた広大なオフィスには、図書室もある。その本棚のスケールとセレクションの見事さに唸《うな》ったものだ。今まで訪れたすべての個人オフィスの中ではいちばんの規模と内容だった。

バロン曰く「本を集めるのがいちばんの趣味であり楽しみだ」と。もちろん単に集めるだけでなく、ちゃんと読んでいる。打ち合わせをしていて、とにかく博識なのだ。デザイン全般だけでなく、ファッション、アート、音楽、カルチャー全般に造詣《ぞうけい》が深い。そして知識があるから、自信がある。

バロンとの打ち合わせには、きわめてスムーズかつ知識に裏打ちされた明確な意見と的確で素早い判断がある。なかなか日本では味わえない即断即決系の打ち合わせとなった。

ニューヨークの別の例では、ライアン・マッギンレーの事務所も想像以上だった。

1977年生まれで、25歳のときに史上最年少でホイットニー美術館にて展示を行った写真家のマッギンレーは、日本でも東京オペラシティ・アートギャラリーでの大規模な個展などで知られ、写真集も精力的に発表し、ユニクロの広告写真も手がけ、本人もそれにモデルとして出るなど、根強い人気がある。

その彼のニューヨークのオフィスに私は二度訪れている。東京で彼にインタビューをした際にいかに本好きかを語っていたので、期待して伺《うかが》ったのだが、予想以上だった。チャイナタウンの一角にある広い事務所は、壁一面が本棚なのだ。図書館を除くと、あれだけ横に広い本棚を私は見たことがない。なんでも既存の棚で見合うものが存在しないので、自作だそう。

マッキンレーは「本を買うために仕事をしているようなものだね」と笑っていた。そして、撮影をしているとき以外は、この事務所で本や雑誌を読むことに集中しているという。そういう意味では、彼は撮影しているとき以外は、この書斎のような事務所にこもっているのだ。

編集者という職業柄、国内外のトップクリエイターたちの仕事場や書斎に数多く出入りしてきたが、ほぼ例外なく、ものの見事な本棚や床に無造作に積み上げられた本のタワー、いや「本の壁」とも言うべき蔵書があり、クリエイティヴのトップクラスはインプットの質と量もトップクラスだということを実感させられる。

いや、「実感する」という表現は甘い。「打ちのめされる」と言うほうが適切だろう。

「本は頭のダンベル」論。

古今東西《ここんとうざい》、さまざまなインプット法が語られてきているが、私は「読書」こそが最強のインプットであると考える。

その最たる理由は、「常に頭に適度な負荷がかかる」ことだ。

アスリートが日々筋トレによって筋力の増大をはかるのと同じように、日々言葉を頭の中で捉え直し、有機的に組み立てていくことによって、脳とそのイメージ力を活性化させていく。

言うならば本は、頭のダンベルなのだ。

肝は、負荷の高いダンベルが必要だということだろう。

何十回も軽々持ち上げられるようなダンベルを持ち上げても筋力トレーニングにはならないように、読書も負荷が高くなければ頭のトレーニングにならない。

京都大学客員准教授の故・瀧本哲史《たきもとてつふみ》氏は『読書は格闘技』という著書において、「書籍を読むとは、単に受動的に読むのではなく、著者の語っていることに対して、『本当にそうなのか？』と疑い、反証する中で自分の考えを作っていくという知的プロセスでもある」と語っていたが、ダンベル的読書とは、まさに一冊一冊、目の前の本の負荷を確認しながら読んでいくようなイメージだ。

読みやすくて楽しいだけの本は、頭のトレーニングではなく、単なる頭の休息である。

もちろん、身体のトレーニングと同様に最初は比較的負荷の低いところから始めていき、少しずつ負荷を増やしていくことが、安全にかつ持続的に行っていくうえでは重要だろう。なので、最初は負荷を低く、そして慣れてきたら徐々に負荷を上げ、自信がついてきたらアマチュアがついていけないレベルで負荷をかける。それがプロのアスリートにも、プロのクリエイターにも必要な方法論だ。

この負荷の高め方を維持できるかどうかが、プロとアマの分かれ道ではないかと思う。

クリエイティヴになりたければ「1000日間、毎晩、短編小説を1つ、詩を1つ、エッセイを1つ、頭に詰め込みなさい」。

読書がいいのは、負荷がかかることに加えて、大量のインプットに向いていることだろう。いつでもどこでも実行することが可能な、まさに日常のルーティンに適した頭のトレーニングとなる。

『華氏《かし》451度』などで世界的に有名な作家、レイ・ブラッドベリが、2001年に行われたあるシンポジウムの基調講演で非常に興味深いことを語っていた。クリエイティヴになるためには、1000日間（約3年間）、毎晩3つのことをするよう、聴衆にアドバイスしているのだ。


「よりクリエイティヴになりたければ、今日から1000日間、毎晩寝る前に、次の3つのとてもシンプルなプログラムを行ってください。

まず、短編小説を1つ読む。10分か15分くらいで読み終えるものを。

つぎに、膨大な詩の歴史の中から1篇の詩を読み上げましょう。なるべく偉大な詩人のものを読んでください。現代詩はくだらないので無視してかまいません。

最後に、あらゆる分野のエッセイ（論考・随筆《ずいひつ》）を1つ読みます。

考古学、動物学、生物学、政治学、偉大な哲学者たちの書いたものを。

毎晩寝る前に短編小説を1つ、詩を1つ、エッセイを1つ頭に詰め込んでいると、千夜の終わりには、あなたの頭はアイデアや比喩《ひゆ》でいっぱいになっているでしょう」


このブラッドベリの指南する方法も、ひとつの有効なインプット・ルーティンだろう。

高負荷とまではいかないが、負荷のある読書習慣のスタートとして、まずはおすすめの方法ではないだろうか。

森の湖畔で極限の高負荷読書を行う、ビル・ゲイツの「THINK WEEK《シンク・ウィーク》」。

世界一の資産家として知られるビル・ゲイツは、実は高負荷読書の達人でもある。

マイクロソフトの創業者であるゲイツは、1990年代から今に至るまで、半年に一度、1週間まるまる森の湖畔のちいさな小屋に一人こもって、ひたすら読書を行う、その名も「THINK WEEK（＝考える週間）」を実践し続けている。

ネットも電話もつながらない「ノイズを完全に断ち切った場所」に大きなトートバッグいっぱいの専門書や技術論文を持ち込み、読書と考えごと以外は、一日二度の食事のみ。なんと一日18時間、本（と論文）を読みながら、経営や人生や世界の本質的な問題について、考えごとをするというのだ。

Netflix《ネットフリックス》によるゲイツの密着ドキュメンタリー『天才の頭の中：ビル・ゲイツを解読する』でその様子を垣間《かいま》見ることができるが、そのときはアフリカの伝染病であるポリオ撲滅《ぼくめつ》の方法について、ただひたすら本を読み、思考を深めていた。そして、そこで考えたことに基づき、彼は自身の財団を使って問題解決に取り組んでいく。

ゲイツは「人類の未解決問題を解く」という、最高度に負荷のかかるテーマの読書を行うことで、自分の頭脳と資産を世界のために最大限に活用しようとしているのだ。


このゲイツの読書法はなかなか真似できないが、「THINK WEEK」という時間の使い方には大いに参考にすべき点がある。

よく「暇な時間を見つけて本を読みたいけれど、なかなか暇がつくれない」という声を耳にするが、インプットとしての読書は「暇な時間」にやることではけっしてない。

それは日常のルーティンであり、仕事の一環だ。

プロのアスリートの入念なストレッチや筋トレの時間と同じ、日常のスケジュールの中に「大事な予定」としてしっかり組み込むべき時間なのだ。ブラッドベリの「寝る前の3つのインプット」然《しか》り、ゲイツの「半年に一度のTHINK WEEK」然り。

そうしないと、日常の雑事に追われて、読書という最も重要なアタマへのインプットを失っていくだろう。

デカルトは「我《われ》思う、ゆえに我あり」と語ったが、クリエイターはデカルトをもじって言うと「我インプットする、ゆえに我あり」。日々の有用なインプットなくして、知的でクリエイティヴな「我」はあり得ないのだ。

読書の時間はまとめて2時間や3時間でなくていい。移動中の時間や、日常の中のさまざまな隙間の時間にも読書はできる。いや、移動中や隙間時間こそ、読書時間のメインフィールドだと思ったほうがいい。

それらをちゃんと自分のスケジュールに組み込むこと。

今やほとんどの人がスマホを使い、グーグルカレンダーなどのスケジュール・アプリでスケジュールの管理をしている。そこに毎日細かく読書の時間を書き込んでいくと、実は1週間でかなりの時間が生み出されるはずだ。

読書場所は、お気に入りの「サードプレイス」カフェを見つけることから。

ラガーフェルドの書庫やビル・ゲイツの小屋のように、読書に耽《ふけ》ることのできるプライベートプレイスを所有している人はきわめて限られるので、多くの人は自宅というファーストプレイス、または、仕事場や学校というセカンドプレイスのどちらかで本を読むことになる（もしくは、通勤・通学中の電車やバスなど）。

しかし、それらの場所では落ち着いて本を読めないという人も多い。そうなると、読書に適したサードプレイスを探すしかない。図書館というのはそのために設計された理想の場所だが、社会人になると、なかなか図書館に日常的に通うのはむずかしいだろう。

そこで私は、読書に適したカフェ・喫茶店の活用を勧めたい。

自宅や仕事場のまわり、通勤・通学途中のロケーションにあるお店なら気楽だが、ちょっと遠回りしてお気に入りの店に行って読書するというのもいい。

ちなみに私は重度のコーヒー中毒。コーヒーなしには生きていけない体質ゆえに、美味しいコーヒーを出す店なら、かなりの遠出でもいとわない。よって美味しいコーヒーを飲みながら本を読むということを楽しみに日々を過ごしている。アタマのトレーニングとしての読書は楽しく愉快な本ばかりとは限らないわけだが、美味しいコーヒーを飲めると思えば、アタマの筋トレは気分的にかなり楽になる。

そういうサードプレイスで本を読む楽しみを各自が見つけていくと、インプットとしての読書はどんどん楽しくなるはずだ。

「読書のための時間」と「読書のための場所」を計画的に日々の生活の中に確保することができたら、思わぬ副産物を得ることもできる。

それは、プロのクリエイターにとって重要な能力である「集中力」だ。

読書は、画面が次々と変化するわけでもなく、音が出てくるわけでもなく、だらだらと受動的に接するものではない。白い紙の上に印刷された黒い文字をひたすら読んでいく、きわめて能動的な行為だ。

それを毎日のルーティンのように継続して行っていくと、自然と集中力が身についていていく。

今の世の中は、じっくり読んでじっくり考えることを阻害するものであふれている。スマホにはどんどん情報が飛び込んでくるし、パソコンを開けたら、大量のメールが返事を待っている。それら電気信号に反応する反射神経のようなコミュニケーションならびに仕事の仕方に慣れてしまうと、確実に熟慮《じゅくりょ》する力を失っていく。

プロのクリエイターに必要なのは、すぐに答えの出ないような世の中の大きな問題にじっくり取り組み、それらへの予見的なヴィジョン／概念を提示する力だ。

それには、反射神経的でない、集中・熟慮する力が必要である。

私が美大生に薦《すす》めている「クリエイションを学ぶための100冊」。

ここで、クリエイションを学ぶための必読図書100冊のリストを載せよう。

これは私の美大での講義「20世紀美術史」ならびに「総合芸術概論」にて学生に提示している推薦図書100冊をベースに換骨奪胎《かんこつだったい》しているもの。よって20世紀から21世紀の美術に関するものが多いが、音楽、映画、デザイン、そして20～21世紀の文化・芸術を理解するうえで重要となる思想書も含まれている。

基本が学生向けなので、なるべく文庫本や新書のような廉価《れんか》な本、入手しやすい本を基準にしており、洋書は入れていない。また絶版本は極力避けているが、名著として高く評価され、多くの図書館に収蔵されているものは入れている。

また、アートブック、写真集は入れておらず、基本的にテキスト中心の本でまとめてある。

このなかには薄くて読みやすいものもあれば、かなり分厚く読みづらいものもある。しかし、薄かろうが分厚かろうが、「頭のダンベル」になるものという基準で選んでいるので、クリエイションを本気で学ぼうとする者にとって、確実に頭のトレーニングになるだろう。

定番すぎるような名著もあれば、意外な、または珍妙に思えるタイトルもあるが、すべて私が読了済みで中身に太鼓判《たいこばん》を押すものばかりなので、未読のものがあればぜひ試してみてほしい。

クリエイションを学ぶための100冊

《美術関係》

□ **森村泰昌**『「美しい」ってなんだろう？ 美術のすすめ』イースト・プレス

□ **高階秀爾**『20世紀美術』ちくま学芸文庫／筑摩書房

□ **椹木野衣**『シミュレーショニズム　ハウスミュージックと盗用芸術』ちくま学芸文庫／筑摩書房

□ **小崎哲哉**『現代アートとは何か』河出書房新社

□ **松井みどり**『アート：〝芸術〟が終わった後の〝アート〟』朝日出版社

□ **アンディ・ウォーホル**『ウォーホル日記（上下巻）』文春文庫／文藝春秋

□ **河内タカ**『アートの入り口』太田出版

□ **横尾忠則**『なぜぼくはここにいるのか』講談社文庫／講談社

□ **マルセル・デュシャン**『デュシャンは語る』ちくま学芸文庫／筑摩書房

□ **後藤繁雄**『1990年のウェイスティッドランド』太田出版

□ **ハンス・ウルリッヒ・オブリスト**『キュレーションの方法』河出書房新社

□ **トム・ウルフ**『現代美術コテンパン』晶文社

□ **村上隆**『芸術起業論』幻冬舎文庫／幻冬舎

□ **利光功**『バウハウス　歴史と理念（記念版）』アート&デザイン叢書／My Book Service Inc.

□ **塚原史**『ダダイズム　世界をつなぐ芸術運動』岩波現代全書／岩波書店

□ **トリスタン・ツァラ**『ムッシュー・アンチピリンの宣言　ダダ宣言集』光文社古典新訳文庫／光文社

□ **亀山郁夫**『ロシア・アヴァンギャルド』岩波新書／岩波書店

□ **海野弘**『ロシア・アヴァンギャルドのデザイン　アートは世界を変えうるか』新曜社

□ **Chim ↑ Pom**『芸術実行犯』朝日出版社

□ **赤瀬川原平**『超芸術トマソン』ちくま文庫／筑摩書房

□ **杉本博司**『アートの起源』新潮社

□ **オノ・ヨーコ**『ただの私』講談社文庫／講談社

□ **若桑みどり**『イメージの歴史』ちくま学芸文庫／筑摩書房

□ **エルンスト・H・ゴンブリッチ**『美術の物語』河出書房新社

□ **ウォルター・アイザックソン**『レオナルド・ダ・ヴィンチ（上下巻）』文春文庫／文藝春秋

□ **坂根厳夫**『メディア・アート創世記　科学と芸術の出会い』工作舎

□ **ミヒャエル・エンデ&ヨーゼフ・ボイス**『芸術と政治をめぐる対話』岩波書店

□ **アンドレ・ブルトン**『シュルレアリスム宣言・溶ける魚』岩波文庫／岩波書店

□ **アーサー・C・ダントー**『ありふれたものの変容　芸術の哲学』慶應義塾大学出版会

《音楽関係》

□ **芥川也寸志**『音楽の基礎』岩波新書／岩波書店

□ **小澤征爾／村上春樹**『小澤征爾さんと、音楽について話をする』新潮文庫／新潮社

□ **小澤征爾**『ボクの音楽武者修行』新潮文庫／新潮社

□ **坂本龍一**『音楽は自由にする』新潮社

□ **門間雄介**『細野晴臣と彼らの時代』文藝春秋

□ 大森荘蔵／坂本龍一『音を視る、時を聴く［哲学講義］』ちくま学芸文庫／筑摩書房

□ 渋谷陽一『ロックミュージック進化論』新潮文庫／新潮社

□ 高橋健太郎『ポップミュージックのゆくえ　音楽の未来に蘇るもの』アルテスパブリッシング

□ ジョン・レノン『回想するジョン・レノン　『ビートルズ革命』改題』草思社

□ ジョン・ライドン『Still a Punk　ジョン・ライドン自伝』ロッキングオン

□ マイルス・デイヴィス『マイルス・デイヴィス自伝』シンコーミュージック

□ 磯山雅『J・S・バッハ』講談社現代新書／講談社

□ 小泉文夫『音楽の根源にあるもの』平凡社ライブラリー／平凡社

□ 佐々木敦『ニッポンの音楽』講談社現代新書／講談社

□ ジョン・ケージ『ジョン・ケージ著作選』ちくま学芸文庫／筑摩書房

《デザイン関係》

□ 田中一光『田中一光自伝　われらデザインの時代』白水Uブックス／白水社

□ 原研哉『デザインのデザイン』岩波書店

□ 深澤直人『デザインの輪郭』TOTO出版

□ 松田行正『線の冒険　デザインの事件簿』ちくま文庫／筑摩書房

□ 河尻亨一『TIMELESS　石岡瑛子とその時代』朝日新聞出版

□ 仲條正義『僕とデザイン』アルテスパブリッシング

□ マイケル・クローガー他『ポール・ランド、デザインの授業（新版）』ビー・エヌ・エヌ新社

□ 多川精一『戦争のグラフィズム　『FRONT』を創った人々』平凡社ライブラリー／平凡社

□ 柏木博『デザインの教科書』講談社現代新書／講談社

《建築関係》

□ 安藤忠雄『建築を語る』東京大学出版会

□ **クリストファー・アレグザンダー他著**『まちづくりの新しい理論』SD選書／鹿島出版会

□ **ロバート・ヴェンチューリ他著**『ラスベガス　忘れられたシンボリズム』SD選書／鹿島出版会

□ **相田武文／土屋和男**『都市デザインの系譜』SD選書／鹿島出版会

□ **八束はじめ**『ル・コルビュジエ』講談社学術文庫／講談社

《**映画関係**》

□ **宮崎駿**『折り返し点』岩波書店

□ **デニス・シェファー／ラリー・サルヴァート**『マスターズ・オブ・ライト　アメリカン・シネマの撮影監督たち（完全版）』フィルムアート社

□ **ヤン・S・ウェナー**『「ローリング・ストーン」インタビュー選集　世界を変えた40人の言葉』ティー・オーエンタテインメント

□ **筑摩書房編集部**『黒澤明　日本映画の巨人』ちくま評伝シリーズ〈ポルトレ〉／筑摩書房

□ **山田宏一**『友よ映画よ、わがヌーヴェル・ヴァーグ誌』平凡社ライブラリー／平凡社

□ **ポーリン・ケイル**『映画辛口案内　私の批評に手加減はない』晶文社

□ **ジャン＝リュック・ゴダール**『ゴダール 映画史（全）』ちくま学芸文庫／筑摩書房

□ **佐野亨**『スタンリー・キューブリック』シリーズ 映画の巨人たち／辰巳出版

□ **蓮實重彦**『監督 小津安二郎（増補決定版）』ちくま学芸文庫／筑摩書房

□ **イアン・ネイサン**『クエンティン・タランティーノ　映画に魂を売った男』フィルムアート社

□ **ロバート・スクラー**『アメリカ映画の文化史　映画がつくったアメリカ（上下巻）』講談社学術文庫／講談社

□ **蓮實重彦**『ハリウッド映画史講義　翳りの歴史のために』ちくま学芸文庫／筑摩書房

□ **フランソワ・トリュフォー／アルフレッド・ヒッチコック**『定本 映画術』晶文社

□ **黒澤明**『蝦蟇の油　自伝のようなもの』岩波現代文庫／岩波書店

□ エレノア・コッポラ『『地獄の黙示録』撮影全記録』小学館文庫／小学館

《写真関係》

□ 細江英公／澤本徳美『写真の見方』とんぼの本／新潮社

□ スーザン・ソンタグ『写真論』晶文社

《批評・評論・サイエンス関係》

□ ジャン・ボードリヤール『象徴交換と死』ちくま学芸文庫／筑摩書房

□ ロラン・バルト『明るい部屋　写真についての覚書』みすず書房

□ スーザン・ソンタグ『ラディカルな意志のスタイルズ〔完全版〕』河出書房新社

□ ヴァルター・ベンヤミン『複製技術時代の芸術』晶文社クラシックス／晶文社

□ **ジャン・ボードリヤール**『消費社会の神話と構造（新装版）』紀伊國屋書店

□ **東浩紀**『ゲーム的リアリズムの誕生　動物化するポストモダン2』講談社現代新書／講談社

□ **浅田彰**『構造と力　記号論を超えて』中公文庫／中央公論新社

□ **フィリップ・ボール**『かたち　自然が創り出す美しいパターン1』ハヤカワ文庫NF／早川書房

□ **ギー・ドゥボール**『スペクタクルの社会』ちくま学芸文庫／筑摩書房

《ポップカルチャー関係》

□ **ジーン・スタイン／ジョージ・プリンプトン**『イーディ　’60年代のヒロイン』筑摩書房

□ **宮沢章夫**『東京大学「80年代地下文化論」講義　決定版』河出書房新社

□ **川勝正幸**『ポップ中毒者の手記（約10年分）』河出文庫／河出書房新社

《広告ビジネス関係》

□ 天野祐吉『私説 広告五千年史』新潮選書／新潮社

《歴史関係》

□ ジャック・アタリ『21世紀の歴史　未来の人類から見た世界』作品社

□ ユヴァル・ノア・ハラリ『サピエンス全史　文明の構造と人類の幸福（上下巻）』河出文庫／河出書房新社

《文化人類学関係》

□ アンドレ・ルロワ＝グーラン『身ぶりと言葉』ちくま学芸文庫／筑摩書房

□ クロード・レヴィ＝ストロース『野生の思考』みすず書房

□ 山口昌男『文化と両義性』岩波現代文庫／岩波文庫

□ **中沢新一**『人類最古の哲学 カイエ・ソバージュ（1）』講談社選書メチエ／講談社

《テクノロジー関係》

□ **ノーバート・ウィーナー**『人間機械論 人間の人間的な利用（第2版）』みすず書房

□ **レイ・カーツワイル**『ポスト・ヒューマン誕生 コンピュータが人類の知性を超えるとき』NHK出版

学生だろうがプロのクリエイターだろうが、本を半強制的に読まされるのはあまり楽しいものではないだろう。大学の授業やプロ向けのゼミナールで、カリキュラムの内容に則した知識がふんだんに掲載された本ならまだしも、関心領域から少し離れたジャンルの教養本というのは、多くの人は敬遠しがちだ。

特に歴史に関する本は、その人物やジャンルに興味がないと避けられるもの。

しかし、クリエイションの歴史を知らずに、いったい何を新しく生み出すことができるというのだろうか。ここにも、クリエイションに関する大きな誤解がある。

よく「クリエイションというのは、あまり他人の影響を受けず、自分の感じたとおりに、自分の好きなものをアウトプットすればいい」という言説を聞く。

もっと平たく言うと、「自分が思ったこと、考えたことを、それまでの歴史やそのときの社会のことに囚《とら》われず、下手でもいいからストレートに表現するのがいい」という考え方だ。

端的に言うと、フォークソングや詩の世界で持てはやされる考え方と言うと、それらのジャンルの人たちから糾弾《きゅうだん》されそうだが。

私はこの考え方はプロの世界では完全に間違っていると断言する。現在、21世紀に世に出るフォークソングや詩のほとんどが稚拙《ちせつ》な自己満足の世界で終わっているように。

このように、自分が世界の中心であり、「世界の中心で愛を叫ぶ」ことを良しとするクリエイターを、私は「天動説」クリエイターと呼んでいる。

彼らのような「自分が世界の中心にいて、汚れのない愛をストレートに叫ぶ」ことをクリエイティヴだと捉える無知無教養さと、プロのクリエイターは決別しなければならない。

プロのクリエイターとは「世界の中心で愛を叫ばない」こと。自分が世界の中心にいない／世界は自分を中心に回っていないという厳然たる事実と真摯《しんし》に向き合うことが、人を謙虚にさせ、世界を、歴史を、真剣に学ぶことを促すはずだ。

インプット・ルーティンは、自分が世界の中心ではないと自覚したところから始める「地動説」的行為でもある。

自分が世界の中心ではなく、自分が世界をうまく回らないといけないのであれば、今の世界を、そして歴史を深く知るために、インプットし続けなければいけない。そうやって知的インプットをルーティン化していくと、この世界の成り立ちが実によくわかってくる。

さらにクリエイターは激しく変化する世界のなかで、常に「新しいもの」をつくらなければいけない宿命にある。

これはけっして簡単なことではない。

「世界は自分を中心に回っていない」という認識からくる謙虚さと、「新しいもの」をつくるという困難さに取り組む覚悟が、なぜハードなインプットを行うのか？　への大きな理由となるはずだ。

自分は天才ではないと認識することこそが、逆に天才に近づく出発点となる。

「自分はここでは負けない」というジャンルを決め、とことん深掘りする。

高負荷な読書をルーティンにしていくにあたり、最初は自分の好きなジャンルから始めてかまわない。アニメでもいいし、ファッションでもいい。

まず自分が関心ある領域の中で、それぞれのジャンルの第一人者が語る言葉を道案内として読書の森に入っていくというのは、好奇心が躍《おど》る行為なのではないだろうか。

私は、クリエイティヴ教育に携わってきている者としては、シンプルだが苦しいだけの努力を説くことは有効ではないと考えている。一方で、ただ楽なやり方を説くことは、害悪ですらあるとも思う。

では、このシンプルで苦痛に満ちた努力を説くのでもなく、それを避けた楽な道でもない第三の道があるのか。

私が思うにそれは、「苦しいけれど楽しい」道を提示することなのではないか。

インプット・ルーティンも、自分がやりたいこと、興味があることのために他の人よりもハードめにインプットすることであり、そこには読みたくて、見たくて、聴きたくてたまらないと思えるインプットもあれば、本人にとって面白みはそれほどないが、ベーシックな頭の筋トレとしてインプットしなければいけないものもある。

要はその組み合わせであり、本人が飽きずにモチベーションを維持し続けるよう、独自のルーティンを生み出すことが大事だ。

そこで、ハードルの低い「好きなジャンル」から入ったら、とことん「深掘り」していこう。

私が授業で学生たちによく伝えているのは、「深掘りしないとプロにはなれない」ということだ。

先日も、将来アニメの仕事をしたいと漠然と夢を描いている中学3年生にアドバイスしたのは、「同じ学校、同じ学年の誰よりも、アニメの創作について詳しくなろう」ということ。たとえば監督になりオリジナルの作品をつくりたいのであれば、物語をつくれないと話にならない。脚本や演出について読むべき本、見るべき作品はいくらでもある。歴史も学ばないといけないだろう。

マンガやアニメの巨匠たち――手塚治虫や宮崎駿《みやざきはやお》――がどれだけ読書家で教養人であるか、思い起こしてほしい。

好きなジャンルを深掘りして、「このジャンルの知識なら（少なくとも同僚や友人・知人たちの）誰にも負けない」という地点まで到達すると、自分の知識と、その知識から得られる「言葉を組み立てる力＝考える力」に自信がついてくるものだ。

やみくもに数を追いかける必要はないが、1つのジャンルで100冊（100作品）も読むことができれば、それは大きな力となる。「僕は／私はこれに詳しい」というのは、クリエイティヴな世界を志す、またはその世界に足を踏み入れた人にとって、大きな自己肯定感を与えてくれるだろう。

読書のアーカイブ化は、「フラッグ読み／スキャン／ハッシュタグ」の3ステップをセットで行う。

この章の最後に、「アーカイブ化」についての話をしたい。

読書によってインプットしたものを、どう分類し、保存し、活用していくか。どうやって自分の頭の「外付けハードディスク」にして、いつでも取り出せるようにしておくか。これは多くのクリエイターが抱える大きな課題だ。

そこで私が実践している本や雑誌のインプットをアーカイブ化する方法を開示しよう。

特別変わったことではなく、呆《あき》れるほど簡単なことであり、しかも自分が発明したものでもない。なぜそれをわざわざ書くのかと言えば、あまりにも簡単で誰でもできるものであるにもかかわらず、まだそれほど広く普及していないように思え、かつ教えて実践してみると、誰もが確実にアーカイブを整理整頓《せいとん》しやすくなる結果が出ているからだ。

その方法は、「フラッグ読み／スキャン／ハッシュタグ」の3ステップだ。

これを教えてくれたのは、長い友人である博報堂のクリエイティヴ・ディレクター嶋《しま》浩一郎《こういちろう》氏。彼は自著『嶋浩一郎のアイデアのつくり方』にてこのやり方を開示しているので、すでに読んでいる人もいるかもしれない。私はこのやり方を本を読む前に直接彼から聞いたことがあり、それ以来実践している。

まず、フラッグを用意しよう。3M《スリーエム》や今はダイソーでも販売されている「カラー・フィルムふせん」のことだ。ここでは嶋の呼称にならって「フラッグ」と呼ぼう。

この「フラッグ」は、半分にカラフルな色がつき、半分が透明のフィルム状のふせん。これを本を読む際に、気になる行、箇所に貼るだけ。貼る際は色がついている部分を本体から出るようにして貼ると、すぐにその箇所を見つけやすく、かつ下の透明な部分は本文を隠さないので、何が記載してあるかわかる。

そうやって、気になる行や箇所にフラッグを貼りながら読むのが「フラッグ読み」だ。実にシンプルなやり方で、このやり方自体はすでに多くの方が実践していると思う。

第二のステップは、フラッグを貼った箇所をスキャンすること。

現在のオフィスにおいて、スキャン機能付き複合機がないほうが珍しいくらい、スキャンは一般化されている。オフィスになければ、ほとんどのコンビニに設置してある複合機でスキャンができる。

そのスキャン機能を使って、フラッグが貼ってある箇所をスキャンしていく。

その際に注意点となるのは、フラッグ上部の色がついているパートが少しだけ本／雑誌の本体にもかかっていて、スキャンした際にどの場所にフラッグが貼ってあるか一目《いちもく》瞭然《りょうぜん》にすること。つまりフラッグの色のパートを本体にまったく引っかからないように貼ってスキャンしてしまうと、画像上でフラッグを貼った箇所がわかりにくくなるので注意が必要ということだ。

フラッグ読みをして、スキャンしたあとは、そのデータをどう保存するか。

ここで大事なのは、データのタイトルのつけ方だ。

たとえば雑誌の書評記事をスキャンして保存する場合〈週刊文春：書評：村上春《むらかみはる》樹《き》「街とその不確かな壁」20XX年X月X日号〉とタイトルをつけて保存するというのはごくスタンダードなやり方だが、ここではもう少しひねったやり方を伝えよう。

アーカイブに保存したデータを探す際に、私たちは主に2つの目的で検索する。1つ目は探すデータがまさにいま求めている題材と関係ある場合。先の例に紐《ひも》づけて言うと、村上春樹に関することを調べていたり、書こうとしている場合は、タイトルに「村上春樹」と書かれて保存されているデータは、「村上春樹」と検索すれば、すぐに出てくるので探しやすい。

もう1つの目的は、漠然とした大きなテーマの場合や、テーマは決まっているがそれを表現する要素が未確定な場合、つまりは未確定要素、未知の領域が多い探究の資料のデータを探す場合だ。

こういう場合はどうしても検索も曖昧《あいまい》なキイワードだったり、または探そうと思うテーマの周辺のキイワードだったりするだろう。

しかし、新しいことや大きなことを企画しようとする際は、このような手探り状態から始めることが多く、その漠然としたヴィジョンを無理して小さくわかりやすいヴィジョンに矮小化《わいしょうか》してしまうと、可能性も縮小化することにつながるから気をつけたほうがいい。

そこで自分のアーカイブから、このような漠然としたテーマやヴィジョンの糸口になるようなデータをどんどん取り出せるようにしておこう。そのためには、データを保存する際にあえて多めのハッシュタグをつけて保存しておくこと。

これが、第三ステップの「ハッシュタグ」だ。

たとえば先の村上春樹の本『街とその不確かな壁』の記事をスキャンする際は、この本のキイワードになるものを多めに記して保存しておく。

〈週刊文春：書評：村上春樹「街とその不確かな壁」２０XX年X月X日号〉だけでなく、これに「#サヴァン症候群」「#図書館」「#夢読み」「#孤独」「#思春期」「#平行世界」など、キイワードになるものをなるべく多くハッシュタグと共にタイトルにつけて保存しておくのだ。

そうすると、あとで村上春樹に関することを調べる際に役に立つだけでなく、さまざまな調査中の案件、企画中の案件にも役に立つ。さまざまなキイワードをハッシュタグ化して保存しておけば、頭の中に浮かび上がるさまざまなキイワードの検索にひっかかるからだ。

アイデアに詰まるとき、またはアイデアがまだモヤモヤしているときに、そのアイデアのリソースとして誰もが思いつきそうなキイワードで調べるのではなく、やや離れた、でも実は関連がありそうなキイワードで調べるほうが、ありきたりでないアイデアが思いつくことが多々ある。ゆえに検索・調査領域のストライクゾーンを広く捉えることが重要だ。

スキャンしたデータをさまざまなキイワードでハッシュタグ化し保存することは、自分がインプットしてきたものが、意外性に満ちた、アイデアの掛け算がやりやすい「資産」になることでもある。

これはなぜインプットをするのかという本質に立ち返る行為でもある。インプットはアイデアの掛け算をやるためにある。そのためにも、このようなハッシュタグ化は実に有効だ。

アイデアのセレンディピティが起きる「ファイリング」の魔法。

本、雑誌などのスキャンといったデジタルなアーカイブ化を推薦する一方で、モノとして保存し整理するアーカイブ化も勧めたい。

具体的には、新聞記事、フライヤー、招待状、試写状、プレスリリース、パンフレットといった一枚の、または薄い印刷物をファイル化していく作業だ。それらの小型出版物のことを英語では「printed matter」と言うが、それらプリンテッド・マターのファイリングのことを指す。

世の中には整理整頓好きの人もたくさんいるので「ファイル化なんてあたりまえですよ」という人も多いだろうから、そういう人はこの箇所は飛ばしてかまわない。

私は職業上、招待状、試写状、プレスリリース、パンフレットといったプリンテッド・マターがたくさん送られてくるので、これらの整理というのは日常の雑事ではあるが、とても大事な雑事だと思っている。

さらに、海外の編集部、デザイン事務所、アーティストのアトリエ、写真家などのクリエイターの仕事場に数多く伺った経験のなかで、第一線のクリエイターたちの資料の整理整頓能力に感心することが多かった。

本や雑誌の整理はもちろんだが、プリンテッド・マターをジャンルやトピックごとにファイルに整理し、すぐに探しやすく、閲覧《えつらん》しやすくしていることに感心した。彼らのやり方は日本のクリエイターとほぼ同じ。既存の2穴ファイルを揃《そろ》え、それをジャンル、トピックまたは人物別に整理し、背にはタイトルをつけてラベリングしていくこと。日本と海外の違いがあるとしたら、海外のオフィスやアトリエでのファイルは、ひとつの型の2穴ファイルに統一して揃え、ラベリングが明快で美しいこと。ファイルが揃っている様《さま》が絵になっていることが多かった。

彼らに倣《なら》って、自分もそれなりに統一感を出そうとして、色的に好みである無印良品の2穴ファイルで揃えるところはある程度できているが、美しいラベリングとなると、おのれのセンスが問われるのか、まだまだといったところだ。

これらプリンテッド・マターのファイル化つまりはアーカイブ化も、現在のデジタル化の潮流のなかでアナログで時代遅れなものとしてみなされることが多いだろうが、私はそうは思わない。

たとえば招待状や試写状といったペラ一枚の印刷物も、どのような紙にどのようにデザインされ、どう加工されているかによって、受け取る印象は大きく異なるもの。マーシャル・マクルーハン曰く「メディアはメッセージである」を実感するのは、この手の

薄いプリンテッド・マターだったりする。

クリエイティヴの世界におけるひとつの鉄則は、「神は細部に宿《やど》る」（20世紀のモダニズム建築を代表する建築家、ミース・ファン・デル・ローエの言葉）と信じることだ。その細部＝ディティールが、プリンテッド・マターには顕著《けんちょ》に存在する。「紙なんてどれも同じだろう」と思ってはいけない。ディティールに無頓着なひとは、クリエイティヴには向いていない。

これらプリンテッド・マターのフ

アイル化は、ジャンルやトピック、人、都市／地域など、ファイリングする人にとって整理しやすく探しやすい分類でやるのが妥当《だとう》だろう。新しいアイデアを求めて、これらのファイルを見返すときは、前述のスキャン情報の検索と同じように、意図的にアイデアの中心的ジャンルのファイルだけを見返すのではなく、それと少し離れながらもどこか関連があるファイルを見返すと、意外なヒントが隠されていることが多い。

アイデアの掛け算は、デジタルな検索よりもこのようなフィジカルな検索から、ディティールや質感をトリガーとして立ち上がってくることが多々あるもの。それらのフィジカルな情報との予期せぬ出会い＝セレンディピティを大事にしよう。

メモ帳は黒のモレスキンに統一。

今までのアーカイブ化は既成のメディアの整理・保存法だが、そういったメディアを日々インプットして自ら考えたことも、アーカイブ化し、整理・保存していきたい。

ノートPCやスマホのメモソフトを活用してもよいが、断然お勧めしたいのは、アナログなメモ帳を持ち歩き、そこに記録していく方法だ。

私が愛用しているのはモレスキンのメモ帳で、9×14センチサイズの「クラシックノートブック／ハードカバー／ブラック」というもの。モレスキンのノートブックの定番中の定番だ。これを常に持ち歩いて、打ち合わせの備忘録《びぼうろく》はもちろん、日々の雑念をメモ書きしている。

メモ書きというのはきわめて単純で、べつに頭のトレーニングにならないのではと思う人もいるだろうが、

「メモにして言語化する」というのは、実は自分の頭の中のモヤモヤを整理し、客観視することでもある。

特に読書や映画の試写のあとなど、読んで、見て感じたこと、考えたことを箇条書きしていくと、読書や映画鑑賞が自らの血肉《ちにく》となっていく。

特に仕事で必要とされる読書において、メモ書きはとても役に立つ。

避けたいのは、あらゆる作品をなんとなく味わって、なんとなく感じただけで、また次の作品にまるでテレビをザッピングするかのように移り、すぐに記憶から忘却させていくことだ。

メモの効用は、思考を記すことで、そういった「なんとなく、軽いものを、だらだらと」といった受動的な意識を消し去ってくれるところにある。大事なのはその真逆《まぎゃく》で、「意識的に、重いものを、集中的に」取り入れていくことである。

・なんとなく、軽いものを、だらだらとインプットし続けた10年間
・意識的に、重いものを、集中的にインプットし続けた10年間

ザッピング的に情報と接する習慣をなるべく若いうちに修正しておかないと、やがてその差は取り戻せないほどの決定的な差となって表れてくるだろう。

メモ帳に関して最後に1点だけ注意を。

モレスキンはカバーが本当に真っ黒なので、私はカバーの下の箇所に白いラベルシールを貼り、使い始めた日付をそこに書き、メモ帳が最後のページまで書き記した状態になると、最終日の日付をラベルに書き加えて、それをストックしている。

ストックする際は背表紙にも細いラベルシールを貼り、カバー面のラベルシールと同じ記述――使い始めた日と最終日の日付――をして保存する。私はこれを20年近く続けている。

そうすると、モレスキンの塊《かたまり》が揃うことになるのだが、自分のラベルの手描き文字の下手さはさておいて、黒いハードカバーのメモ帳がずらりと揃うのはなかなか美しいものだ。ストックすることの快楽があると言ってもいい。

アーカイブ化というのは、単なるデータの整理と保存だけでなく、美学的な行為でもあることを、モレスキンのメモ帳のストックは教えてくれる。

アタマのメモリーを軽くして、アーカイブのメモリーは極大化する。

これらのデジタルやフィジカルのアーカイブ化は面倒でもあるが、実は自分のアタマを軽やかにすることでもある。アイデアを考えて行き詰まっているときに「あのクリエイターのグローバリゼーションに関する発言は正確にはどういう内容で、いつの何に載ったものだっけ？」とか「この映画監督の発想法はどういうものだっけ？」といったことをアタマの中だけで検索していっても、途方に暮れることが多い。

アタマのメモリーをパンパンにして、脳内ハードディスクのみから膨大なデータを読み込まんとすると、たいていの人は疲弊《ひへい》する。

そういった努力よりも、「あれはこのへんにファイルしてあったはず」とか「あのスキャンデータはこのハッシュタグをつけて保存してあるかも」といった、保存した際のトリガーだけを覚えていたら、アタマが軽やかになる。

さらに言うと、いろんなことを記録・保存しておくことで忘れていいという状態にしていくと、その分、アタマは考えることやイメージすることに集中でき、覚えることにエネルギーを使わずに済む。

これは人類が文字を発明したときから続いていること。アタマの中のデータを文字として外に出して保存することで、人間は覚えることにエネルギーをそれほど使わなくて済むようになった。逆に人間の祖先である猿は、文字を持っていないため、常にアタマをフル回転していて、いろんなことを覚えようと必死になっているという類人猿学の調査結果もある。

だから、文字を持ち、書物を発明し、今はコンピュータを使う私たちは、覚えることにエネルギーを使うのではなく、インプットしたものをどんどんアーカイブ化することによってアタマから外に出して保存して、アタマを軽くした分、考えること、イメージすることにエネルギーを使うべきだと考える。

ゆえに、アタマのメモリーは軽く、自分の外のアーカイブのメモリー／蔵書は極限に重くする。ただし、頭の中にインプットしたもののトリガーやハッシュタグは残しておく。

それが、プロのクリエイターにとってのアタマとアーカイブのいい関係なのではないだろうか。

第3章 目のインプット・イメージ編

写真・映画・アートの

「三大視覚芸術」をインプットせよ。

クリエイションとは、形のないものに形を与える行為である。

人類最古のアートとは何か？

そこでよく語られるのが、洞窟壁画だ。

ラスコーやアルタミラの洞窟壁画は、ネアンデルタール人からホモ・サピエンスに進化したからこそできたクリエイションだと言われている。

旧石器時代芸術研究家のデヴィッド・ルイス＝ウィリアムズの名著『洞窟のなかの心』によると、洞窟壁画の誕生は「後期旧石器時代に生きた特定の聡明な人々が二次元のイメージを『発明』した」ことによるという。ある概念を二次元のイメージとして描くことは、人類（ホモ・サピエンス）が生まれながらにして持っていた能力なのではなく、私たちが後から経験的に学んだことなのだという。

つまり、人類が猿から進化したときから「想像力」が自然に備わっていたのではなく、人類が誕生してから、より人間らしい力を身につけようとして想像力が生まれたということになる。

文化人類学者ルロワ＝グーランは「想像力は知性の根本的な能力である」と断言しているが、この能力は非常に高度な脳の機能であり、動物のなかで人間だけが持つ力だ。つまり、イマジネーションを扱える力が人間にはあり、他の動物にはない。

「クリエイション」とは、この人間だけが持っている力を使って、視覚的なものであれ、音楽的なものであれ、文学的なものであれ、なんらかのイメージを具体的なカタチにしたものだと言えるだろう。

音楽、特にインストゥルメンタルの音楽の場合は、あるイメージ――それは世界観と言ってもいい――を音で構築したものであるし、詩や小説なども、言葉の連《つら》なりで、あるイメージを創り上げる行為だ。もちろん視覚表現――写真、映画、アート、グラフィックデザインなど――は、まさにヴィジュアルなイメージをダイレクトに創り上げるものになる。

なぜ映画は映画館で見るべき、なのか？

この人間だけが持つ「新しいイメージを創り上げる力」を養うには、イメージの賢いインプット術が求められるが、イメージ・アディクト（中毒）とも言うべき膨大な視覚情報の洪水の中に生きる現代の私たちは、いったいどこからイメージをインプットしていけばいいのか、戸惑うだろう。

しかし「プロにとっての」という視点で言えば、実はけっこうシンプルだ。

現在の視覚文化の中心は、写真と映画とアート。これら3つの領域を中心に、良質なものだけをインプットすればいい。

ただし「良質なもの」というのは、イメージの場合、内容のクオリティだけでなく、メディア（媒体）のクオリティのことも指すので少し注意が必要だ。

現在のデジタル環境では、情報が圧縮されて解像度が低い状態で流通し、かつそれをスマホなど小さなデバイスで見る／聴くことが一般的となっている。しかしそれでは、作品が持っている豊かな情報のほんの一部しか伝わっていないと思ったほうがいい。

たとえば、Spotifyやアップル・ミュージックなどMP3に圧縮された音源データをイヤフォンで聴くと、元々の音源が持つ情報がかなり削《そ》ぎ落とされると言われている。オーディオCDのビットレートは1411キロビットで、一般的なMP3は128キロビットなので、音質は著《いちじる》しく落ちる。音楽以外のストリーミング・サービスでも同様に、データの圧縮が行われている。

なので映画なら、映画館で見るのがベストだし、写真も、雑誌、写真集、写真展で見るのがベスト。アートも、雑誌、アートブック、展覧会で見るのがいい。

スマホで見聞きしてわかった気になるのは、危険だ。

また、「イメージはひと目見ればすぐにわかる」と思われている節があるが、それも疑ったほうがいい。もちろん、ひと目見て、瞬時に何を伝えようとしているかわかるようにつくられたものは多くある。報道写真や記録写真で、その現場で起きていることを写実的に捉えたものは、カメラの前で起きた出来事が何か、見る者は瞬時に理解できるだろう。

一方で、ひと目見ただけではよくわからないイメージというものも多々ある。

現代アートがその代表例だが、それは現代アートに限らず、ファッション写真や映画、イラストレーションでも数多く存在する。ひと目見て美しく感じ、楽しい感覚を味わうだけでなく、さまざまな「読み」を誘うものと言えばいいだろうか。

そして昨今は、そういった種類のものが増えていると言ってもいいだろう。

そうなると、イメージをただ「見る」だけでなく、「読む」ことが求められる。

アートの領域だけでなく、大衆的なエンタテインメントでも、さまざまな「読み」を誘うイメージ――それらの多くはメタファー（隠喩《いんゆ》）と呼ばれる――がある。たとえばアニメ映画の大ヒット作である宮崎駿監督の『風の谷のナウシカ』の腐海《ふかい》は何のメタファーか、新海誠《しんかいまこと》監督の『君の名は。』のティアマト彗星《すいせい》は何のメタファーか、と考えてみるのも面白いだろう。

写真・映画・アートを中心とした視覚芸術の世界はメタファーの宝庫であり、それらはさまざまな豊かな「読み方」を見る側に誘っている。

写真のインプットのために、国内外の雑誌を定期購読する。

ここからは、私がプロとして実践している写真のインプット術を紹介していこう。

大前提として、イメージのインプットには、ヨコ軸＝同時代のものと、タテ軸＝歴史的なものの両方のインプットが必要だ。

同時代＝今とまったく無関係なクリエイションというのはあり得ない。よって今、どういうイメージが作り出されているのかをよく知る必要があるし、一方でイメージの歴史も知る必要がある。なぜなら、「新しさ」とは歴史的な判断であるから。過去のイメージの歴史を築いてきたヒストリカルな作品群をインプットし、それらを「読み」「学んで」こそ、次の新しいイメージもつくることができる。

私の場合、ヨコ軸としては、前述したように「雑誌、写真集、写真展」というベーシックな3点セットで日々インプットしている。

写真集、写真展は、それほど頻繁にいいものが出る、または展示されるわけでもないので、日常は主に雑誌がインプットのリソースになる。具体的には、ファッション雑誌、カルチャー雑誌、アート雑誌といった、ヴィジュアルが主体の雑誌を、イメージのインプット・リソースとして重宝している。

ファッション雑誌というと、白バックでモデルがブランドの衣服やアクセサリーをこれ見よがしに着ている写真や、お洒落《しゃれ》なカフェでモデルたちが談笑しているような、ステレオタイプの写真が占めているような先入観を持つ人もいるかもしれない。しかしそれらの写真は、海外のファッション雑誌ではいまやほとんど存在しない。海外の一流ファッション雑誌のファッション写真は、作家性の高い写真家を起用し、それらの写真家が最新のイメージを提供する舞台になっている。

アメリカのアート雑誌『ARTFORUM』2016年5月号でファッション写真の特集が組まれた際に、編集長が巻頭言《かんとうげん》でこう書いていた。

「ファッション写真はヴィジュアル文化の実験場である」

私もまったくもって同感だ。さらに私はこの言葉をこう言い換えたい。「写真はヴィジュアル文化の実験場だ」と。

参考までに、ここに私が定期購読しているファッション&カルチャー系の雑誌のリストを載せよう。

《ファッション雑誌》

- □ VOGUE US（米・月刊）
- □ VOGUE FRANCE（仏・月刊）
- □ VOGUE ITALIA（伊・月刊）
- □ ヴォーグ・ジャパン（日本・月刊）
- □ i-D（英・隔月）
- □ Self Service（仏・年2回刊）
- □ Purple Fashion（仏・年2回刊）
- □ LOVE（英・年2回刊）

□ AnOther Magazine（英・年2回刊）

□ W Magazine（米・隔月）

□ Them magazine（日本・隔月）

□ Silver（日本・季刊）

《カルチャー雑誌》

□ ブルータス（日本・月2回刊）

□ THE FACE（英・隔月）

□ DAZED（英・隔月）

□ Interview（米・隔月）

《デザイン／インテリア雑誌》

□ カーサ・ブルータス（日本・月刊）

□ Wallpaper（英・月刊）

《写真雑誌》

□ コマーシャル・フォト（日本・月刊）
□ IMA（日本・年2回）
□ Foam Magazine（蘭・年3回）

《アート雑誌》

□ 美術手帖（日本・季刊）
□ ARTFORUM（米・年10回）

これらの雑誌群を定期購読し、常にインプットしておくと、写真の流れがわかり、いま求められているイメージがわかり、かつ、これからの写真も予見できるようになる。

逆にこれらを普段見ていないと、予見することはむずかしい。

これだけ多くの雑誌を日頃から見ている・読んでいると人に語ると、すごく特別なことをやっているように見られるときがあるが、これは欧米の編集者たちが日常的にやっていることを日本国内用にアジャストし、真似ているだけだ。

幸運にも今までにたくさんの欧米の編集者たちに会う機会があり、かつニューヨークやパリ、ロンドンなど各都市の編集部にも訪れる経験があった。そこで彼らが多くの雑誌を猛烈にインプットしている様子を目の当たりにしてきた。一流の編集者は、自国だけでなく海外の雑誌をメジャー・マイナー問わず猛烈にインプットし、仕事の重要なリソースにしている。

それが、海外の優秀な編集者たちから学んだことのひとつだ。

ならば自分も彼らと対等に仕事をするために、同じ努力をしようと決意した次第である。

先にファッション雑誌において、作家性の高い写真家の起用が多いと述べたが、それはファッション雑誌に限らず、カルチャー雑誌やデザイン雑誌でも同じ。

作家的な写真とは、言い換えると、頭脳的な写真とも言える。

よってクリエイティヴを生業とする（生業としていきたい）私たちは、それら頭脳的な写真を「読む」力が求められる。

日常的にたくさんの良質なイメージをインプットしておけば、最新の写真やイメージの価値が瞬時に「読める」ようにもなってくる。それはまるで築地《つきじ》の市場でマグロの仲《なか》買人《がいにん》が瞬時にマグロの良し悪しを判断し値づけできるように。

しかし、マグロの仲買人も市場に通わなくなると、その瞬時の判断力が鈍《にぶ》ってくる。

これはクリエイターもまったく同じだ。日々のイメージのインプットを怠《おこた》ると、誰しも的確な判断力が鈍るもの。よって日常的なイメージのインプットをルーティン化することが大事だと考える。

世界最大のカルチャー産業「映画」は、傑出した才能とイメージの宝庫。

初対面のアメリカ人同士の会話は、映画の話から始まると言われている。「あの映画を見ましたか？」「どんな映画が好きですか？」などと。

なぜならアメリカは非常に広大な国で、時差もあるので、お互いの住む地域が違うと、天気の話も共通項が少なく、テレビも西海岸と東海岸で大きく時差があるため、見る時間帯が違う。さらにスポーツは基本的にローカルのチームを熱烈に応援する気質が強いので、贔屓《ひいき》するチームが違って話が合わないことになりかねない。

しかし、映画は基本的に毎週金曜日に一斉公開されるので、アメリカ人同士なら、距離も時差も関係なく、同じ時期に同じものを見ることができる。

さらには週末や休日に映画を見ることがあたりまえのようにルーティン化されている人が多いため、初対面同士でもなにがしか映画の話ができる。かつ映画の話題はその人の人となりが出やすい題材なので、人物評価がしやすいトピックでもある。

そのように共通の話題としての映画という側面だけでなく、映画は産業としても世界最大のカルチャー・ビジネスである。

２０２３年の世界全体の映画産業の売り上げは、９３１億ドル＝約14兆円（１ドル＝１５０円換算）。音楽業界が２８６億ドル＝４兆２９００億円、アート・マーケット全体が６５０億ドル＝９兆７５００億円なので、映画の産業としての規模が抜きん出ていることがわかるだろう。

ゆえに映画は、さまざまな才能を擁《よう》す産業でもある。

映画監督のみならず、脚本家、プロデューサー、撮影監督、美術監督、映像編集者、音楽監督、衣装、メイクアップ、そしてＶＦＸ、ＣＧをはじめとするポストプロダクションのスタッフ、さらに俳優陣。いわば大きなクリエイションの生態系を持った産業だ。

よって映画はイメージのアウトプットとして、その才能と時間とお金のかけ方として、傑出した濃密さを誇るものだと言えるだろう。

残念ながら、くだらない映画や安っぽいテレビドラマの延長のようなものもたくさんあるが、常に新しい世界観を高い完成度で提示する作品が登場している。

良質な映画は、新たな世界観の擬似体験。

ジャン＝リュック・ゴダールはこう述べている。

「映画は世界で最も美しい詐欺《さぎ》だ」

この映画というイメージの塊をしっかりインプットすることは、最上のイメージのディープ・ラーニングだと思っている。

アカデミー賞は「傑作」を選ぶものでは、とっくになくなっている。

よく「なぜこの映画がアカデミー賞を？」みたいな問いがメディアで語られることがある。それは昔からの「なぜこの映画がカンヌ映画祭で賞を？」という問いにもつながるわけだが、映画祭の賞や評価は、いまや単に「良質な映画に賞を与える」というものではなくなってきている。

最近の代表例は、『エブリシング・エブリウェア・オール・アット・ワンス』が2023年度の米アカデミー賞で作品賞を含む主要7部門を制覇したことだろう。

通称「エブエブ」と呼ばれるこの映画は、中国系アメリカ人のおばさんがメタバースの世界ではカンフーの達人で、自分の娘がメタバースの世界では悪の女王であり、そのカンフーパワーを使って女王を倒そうとするという設定。

実に荒唐《こうとう》無稽《むけい》な話だが、監督・脚本のダニエルズ（ダニエル・クワンとダニエル・シャイナートの二人組）のひとり、クワンは中国系アメリカ人、主演のミシェル・ヨーはマレーシア出身で80年代の香港《ホンコン》アクション映画で大活躍し現在はハリウッドに拠点を移すアジア人女優、さらに助演男優賞を受賞したキー・ホイ・クァンはベトナム難民で子役時代に『インディ・ジョーンズ／魔宮の伝説』『グーニーズ』で大活躍した経歴を持つ。

映画全編が『マトリックス』のような現実世界と仮想世界の交差する設定で、『マトリックス』以上に香港カンフー映画の影響が強く、さらに複数のメタバースの世界がさまざまな過去の映画へのオマージュになっており、『マトリックス』とクエンティン・タランティーノの映画で育った新しい世代による映画という性格を強く帯びている。

さらに前述のようにアジア系のスタッフと俳優がメインで、今のアメリカにおける人種の問題を的確に反映した内容ゆえに、評価においてポリティカル・コレクトネス（政治的公正さ）を重視する傾向が多分に働いたと思われる。

よって、このエブエブは、日本での一般人からのレビューはおおむね高くない。特にアカデミー賞を受賞したあとに顕著で、ヤフーの映画レビューの書き込みで「アカデミー賞は終わった」という言葉を書く人もいるのだが、それは映画祭の評価の潮流が「読めていない」と言えるだろう。

これは現代アートのアワードにも似ている。

現代アートのアワードが「今の良作を選ぶ」ものではとっくになくなっており、「現代アートの新しい評価軸を作品を通して示す」ものになっているように、海外の大型映画祭の賞の判断基準も「新しい映画の評価軸を示す」ものになってきている。

よってどんなに伝統的に良くできていても、それに賞を与えることが「新しい映画の評価軸を示す」ものにならないのであれば、今は賞を獲《と》ることはむずかしい。

『トップガン マーヴェリック』があれだけ世界的にヒットし、誰もが満足する完成度でありながらもアカデミー賞が獲れないのは、こういう理由だ。

もちろん、「映画は娯楽、エンタメだよ。むずかしいこと考えずに面白ければいいんだよ」と捉える人も大勢いるだろう。その捉え方はまったく否定しない。

しかしプロにとって、映画は単なるエンタメや娯楽ではない。映画は日進月歩《にっしんげっぽ》で進化する芸術であり、最強のイメージ・リソース。そして映画の作り手はますます高度な「読み」を観客に要求しており、プロはそれを「読む」ことが求められている。まさに現代アートのように。

知的インプットの観点から、見るべき映画を決める。

では、どうすれば映画を「読める」ようになるのか。それは写真のインプット術と同じで、日常的に優れた映画を見ていくしかない。

映画館で見ることを強く勧めるので、毎日のように見るわけにはいかないだろうから、毎週末に映画を見る習慣＝ルーティン化を行うのがひとつの方法だろう。

私の場合は編集者という職業上の役得《やくとく》で、試写会への案内——試写状という——が届くので、平日の昼間の時間に試写室で週に1～2本はルーティンで見ている。

さらに週末に映画館で1～2本を見ることをルーティン化している。日本の平均的な映画好きよりは見ていると思うが、これでもプロの映画評論家や映画メディアの編集者と比べるとかなり少なく、とても自慢できる数ではない。

しかし、試写状が届いた段階で、海外作品の場合は、海外の映画レビュー・サイトや映画祭の記事などを検索して調べて、ある程度評価の高い、注目度が高いものだけを選んで見るようにしているので、それほど当たり外れがない。

また私は映画雑誌『キネマ旬報《じゅんぽう》』にて「星取りレビュー」の連載も寄稿しているので、映画に関する原稿を書く場合は、ＤＶＤやアマゾン・プライムなどで監督の過去の傑作を見直している。

このように、いま上映されている映画という現在のヨコ軸と、過去の優れた映画という映画史のタテ軸を意識して、インプットするように心がけている。

これは映画関係者や映画評論家の多くも同じだろう。映画関係者でないプロは、映画の本数という物量では彼らに敵《かな》わないだろうから、いいものだけを選んで見る選択眼だけは負けないようにしたい。

そのためにはやはり、映画評を適時チェックし、読み込んで、突出したものだけを見るようにするしかない。

幸いなことに映画評というのは数多くのメディアに掲載され、かつ、プロ（玄人《くろうと》）の評価もアマチュア（素人）の評価も比較できるものが多々ある。

第1章で例に挙げたアメリカの「Rotten Tomatoes」がいい例だ。

それらを俯瞰《ふかん》的に眺めながら、自分にとって知的インプットとなるような映画を選んで見ていくのがいいだろう。

よく「評論家受けする映画／評論家受けしない映画」という言葉が使われるが、一般受けはするが評論家受けはしない映画というのは、プロのリソースとして無理して見るものではないと考える。

もちろん、過度に評論家受けしながらも、あまりにも一般人から低評価という作品もある。それらをどう自分なりに判断するかも、ひとつの知能テストとして映画を見るための、良い練習になると思う。

クリエイティヴ・インプットとしての映画ベスト100。

ここに「クリエイティヴなインプット」として私が選んだ映画ベスト100のリストを記載しよう。

映画の歴史において何か大きなくさびを打っているかどうかが、選考基準である。端的に言うと、「いい映画」というよりも「すごい映画」というもの。よっていまだに賛否両論が分かれる作品もいくつか選んでいる。

掲載は年代順で、海外の作品は英語タイトルを併記。原題がドイツ語、フランス語の場合はそれらを英語タイトルの前に記載した。一部フランス語タイトルまたはイタリア語タイトルが世界的に通用している場合は、それのみを記載している。

クリエイティヴ・インプットとしての映画ベスト100

《1910年代》

□ イントレランス／Intolerance　監督：**D・W・グリフィス**　1916年

《1920年代》

□ カリガリ博士／Das Cabinet des Doktor Caligari／The Cabinet of Dr. Caligari　監督：**ロベルト・ウイーネ**　1920年

□ 戦艦ポチョムキン／Battleship Potemkin　監督：**セルゲイ・エイゼンシュテイン**　1925年

□ キートン将軍／The General　監督：**バスター・キートン**　1926年

□ 裁かるるジャンヌ／La Passion de Jeanne d'Arc／The Passion of Joan of Arc　監督：**カール・ドライヤー**　1928年

□ アンダルシアの犬／Un Chien Andalou　監督：**ルイス・ブニュエル**　1928年

《1930年代》

□ 風と共に去りぬ／Gone With the Wind　監督：**ヴィクター・フレミング**　1939年

□ オズの魔法使／The Wizard of Oz　監督：**ヴィクター・フレミング**　1939年

《1940年代》

□ 独裁者／The Great Dictator　監督：**チャールズ・チャップリン**　1940年

□ 市民ケーン／Citizen Kane　監督：**オーソン・ウェルズ**　1941年

□ カサブランカ／Casablanca　監督：**マイケル・カーティス**　1942年

□ 第三の男／The Third Man　監督：**キャロル・リード**　1949年

《1950年代》

□ サンセット大通り／Sunset Boulevard　監督：**ビリー・ワイルダー**　1950年

□ 雨に唄えば／Singin' in the Rain　監督：**ジーン・ケリー、スタンリー・ドーネン**　1952年

□ 東京物語　監督：**小津安二郎**　1953年

□ 七人の侍／Seven Samurai　監督：**黒澤明**　1954年

□ 戦場にかける橋／The Bridge on The River Kwai　監督：**デヴィッド・リーン**　1957年

□ ベン・ハー／Ben-Hur　監督：**ウィリアム・ワイラー**　1959年

《1960年代》

□ サイコ／Psycho　監督：**アルフレッド・ヒッチコック**　1960年

□ 甘い生活／La Dolce Vita　監督：**フェデリコ・フェリーニ**　1960年

□ 去年マリエンバートで／L'année dernière à Marienbad　監督：**アラン・レネ**　1961年

□ アラビアのロレンス／Lawrence of Arabia　監督：**デヴィッド・リーン**　1962年

□ 8½　監督：**フェデリコ・フェリーニ**　1963年

□ 砂の女／The Woman in the Dunes　監督：**勅使河原宏**　1964年

□ サウンド・オブ・ミュージック／The Sound of Music　監督：**ロバート・ワイズ**　1965年

□ 気狂いピエロ／Pierrot Le Fou　監督：**ジャン＝リュック・ゴダール**　1965年

□ 欲望／Blow-up　監督：**ミケランジェロ・アントニオーニ**　1966年

□ ローズマリーの赤ちゃん／Rosemary's Baby　監督：**ロマン・ポランスキー**　1968年

□ 2001年宇宙の旅／2001: A Space Odyssey　監督：**スタンリー・キューブリック**　1968年

□ ワイルドバンチ／The Wild Bunch　監督：**サム・ペキンパー**　1969年

□ 地獄に堕ちた勇者ども／The Damned　監督：**ルキノ・ヴィスコンティ**　1969年

□ イージー★ライダー／Easy Rider　監督：**デニス・ホッパー**　1969年

《1970年代》

□ 暗殺の森／The Conformist　監督：**ベルナルド・ベルトルッチ**　1970年

□ トラ・トラ・トラ！／Tora! Tora! Tora!　監督：**リチャード・フライシャー、舛田利雄、深作欣二**　1970年

□ 時計じかけのオレンジ／A Clockwork Orange　監督：**スタンリー・キューブリック**　1971年

□ フレンチ・コネクション／The French Connection　監督：**ウィリアム・フリードキン**　1971年

□ ゴッドファーザー／The Godfather　監督：**フランシス・フォード・コッポラ**　1972年

□ エクソシスト／The Exorcist　監督：**ウィリアム・フリードキン**　1973年

□ チャイナタウン／Chinatown　監督：**ロマン・ポランスキー**　1974年

□ ソドムの市／Salò o le 120 Giornate di Sodoma　監督：**ピエル・パオロ・パゾリーニ**　1975年

□ ジャンヌ・ディエルマン　ブリュッセル1080、コメルス河畔通り23番地
／Jeanne Dielman, 23, quai du Commerce, 1080 Bruxelles　監督：**シャンタル・アケルマン**　1975年

□ タクシードライバー／Taxi Driver　監督：**マーティン・スコセッシ**　1976年

□ ロッキー／Rocky　監督：**ジョン・G・アヴィルドセン**　1976年

□ アニー・ホール／Annie Hall　監督：**ウディ・アレン**　1977年

□ サタデー・ナイト・フィーバー／Saturday Night Fever　監督：**ジョン・バダム**　1977年

□ 未知との遭遇／Close Encounters of the Third Kind　監督：**スティーヴン・スピルバーグ**　1977年

□ スター・ウォーズ／Star Wars　監督：**ジョージ・ルーカス**　1977年

□ 遠すぎた橋／A Bridge too far　監督：**リチャード・アッテンボロー**　1977年

□ 天国の日々／Days of Heaven　監督：**テレンス・マリック**　1978年

□ エイリアン／Alien　監督：**リドリー・スコット**　1979年

□ ブリキの太鼓／Die Blechtrommel／The Tin Drum　監督：**フォルカー・シュレンドルフ**　1979年

《1980年代》

□シャイニング／The Shining　監督：**スタンリー・キューブリック**　1980年

□ツィゴイネルワイゼン　監督：**鈴木清順**　1980年

□レイジング・ブル／Raging Bull　監督：**マーティン・スコセッシ**　1980年

□ブレードランナー／Blade Runner　監督：**リドリー・スコット**　1982年

□E.T.／E.T. the Extra-Terrestrial　監督：**スティーヴン・スピルバーグ**　1982年

□フィツカラルド／Fitzcarraldo　監督：**ヴェルナー・ヘルツォーク**　1982年

□ノスタルジア／Nostalghia　監督：**アンドレイ・タルコフスキー**　1983年

□ストレンジャー・ザン・パラダイス／Stranger than Paradise　監督：**ジム・ジャームッシュ**　1984年

□風の谷のナウシカ　監督：**宮崎駿**　1984年

□乱　監督：**黒澤明**　1985年

□バック・トゥ・ザ・フューチャー／Back to the Future　監督：**ロバート・ゼメキス**　1985年

□ ベティ・ブルー／37°2 le matin／Betty Blue　監督：**ジャン＝ジャック・ベネックス**　1986年

□ 男たちの挽歌／A Better Tomorrow　監督：**ジョン・ウー**　1986年

□ ブルーベルベット／Blue Velvet　監督：**デヴィッド・リンチ**　1986年

□ ラストエンペラー／The Last Emperor　監督：**ベルナルド・ベルトルッチ**　1987年

□ ベルリン・天使の詩／Der Himmel über Berlin／Wings of Desire　監督：**ヴィム・ヴェンダース**　1987年

□ ドゥ・ザ・ライト・シング／Do the Right Thing　監督：**スパイク・リー**　1989年

《1990年代》

□ グッドフェローズ／Goodfellas　監督：**マーティン・スコセッシ**　1990年

□ ポンヌフの恋人／Les Amants du Pont-Neuf　監督：**レオス・カラックス**　1991年

□ 羊たちの沈黙／The Silence of the Lambs　監督：**ジョナサン・デミ**　1991年

□ シンドラーのリスト／Schindler's List　監督：**スティーヴン・スピルバーグ**　1993年

□ 恋する惑星／Chungking Express　監督：ウォン・カーウァイ　1994年

□ パルプ・フィクション／Pulp Fiction　監督：クエンティン・タランティーノ　1994年

□ ヒート／Heat　監督：マイケル・マン　1995年

□ セブン／Seven　監督：デヴィッド・フィンチャー　1995年

□ ファーゴ／FARGO　監督：ジョエル・コーエン　1996年

□ トレインスポッティング／Trainspotting　監督：ダニー・ボイル　1996年

□ ブギーナイツ／Boogie Nights　監督：ポール・トーマス・アンダーソン　1997年

□ タイタニック／Titanic　監督：ジェームズ・キャメロン　1997年

□ プライベート・ライアン／Saving Private Ryan　監督：スティーヴン・スピルバーグ　1998年

□ マルコヴィッチの穴／Being John Malkovich　監督：スパイク・ジョーンズ　1999年

□ マトリックス／The Matrix　監督：ラリー&アンディ・ウォシャウスキー　1999年

《2000年代》

□ダンサー・イン・ザ・ダーク／Dancer in the Dark 監督：**ラース・フォン・トリアー** ２０００年

□グリーン・デスティニー／Crouching Tiger, Hidden Dragon 監督：**アン・リー** ２０００年

□ロード・オブ・ザ・リング／二つの塔 The Lord of the Rings: The Two Towers 監督：**ピーター・ジャクソン** ２００２年

□アレックス／Irréversible 監督：**ギャスパー・ノエ** ２００２年

□キル・ビル Vol.1／Kill Bill:Vol.1 監督：**クエンティン・タランティーノ** ２００３年

□エレファント／Elephant 監督：**ガス・ヴァン・サント** ２００３年

□オールド・ボーイ／Old Boy 監督：**パク・チャヌク** ２００３年

□パンズ・ラビリンス／Pan's Labyrinth 監督：**ギレルモ・デル・トロ** ２００６年

□ダークナイト／The Dark Knight 監督：**クリストファー・ノーラン** ２００８年

□アバター／Avatar 監督：**ジェームズ・キャメロン** ２００９年

《２０１０年代》

□ ゼロ・グラビティ／Gravity　監督：**アルフォンソ・キュアロン**　2013年

□ 6才のボクが、大人になるまで。／Boyhood　監督：**リチャード・リンクレイター**　2014年

□ インターステラー／Interstellar　監督：**クリストファー・ノーラン**　2014年

□ マッドマックス　怒りのデス・ロード／Mad Max: Fury Road　監督：**ジョージ・ミラー**　2015年

□ パラサイト　半地下の家族／Parasite　監督：**ポン・ジュノ**　2019年

《2020年代》

□ ドライブ・マイ・カー　監督：**濱口竜介**　2021年

□ TAR／ター／Tár　監督：**トッド・フィールド**　2022年

現代アートが「わからない」のは、「わからない」ように作られているから。

目にインプットするもの、最後の3つ目はアートである。

現代のアートはひと目見て、瞬時にその価値がわかるものは少ない。なぜなら「ひと目見て判断できる」ことを否定したところから現代アートは始まっているのだから。

現代アートがどこから始まったかは諸説あるが、概《おおむ》ねここが出発点と言われている作品がある。

フランスのマルセル・デュシャンによる「泉」（1917年）だ。

デュシャンのこの歴史に残る作品は、男性用小便器にサインをして作品として提出しただけのものだ。デュシャンはこの作品においてサイン以外は何も創作していない。

当然、大変な反発があり、最初は展示を拒否された。しかし、のちに展示されることになり、賛否両論を呼びながらも、ダダイズム〜シュールレアリスムのアーティストであり評論家として大きな力を持っていたアンドレ・ブルトンらが積極的に支持し、美術史における革命的な作品とみなされ、現在は現代アートを代表する作品として認識されている。

デュシャンは当時、このような発言をしている。

「絵画はもっぱら視覚的あるいは網膜《もうまく》的であるべきではないのです。絵画は、われわれの理解衝動にかかわるべきなのです」と。

彼が言わんとすることを意訳すると、「これからの新しい芸術は、見てすぐわかるようなものではなく、見たあとにアタマで考えるようなものでなければならない」と言い換えられるだろう。

なにしろ、デュシャンは当時、写真や映画の登場によって、写実的な絵画や彫刻というのは時代遅れになったという認識を持っていた。よって写実的なリアリズムの追求ではなく「理解衝動にかかわること」、つまり新しい概念の提示こそが、これからの芸術家がやるべきことであると。

デュシャンが網膜的な芸術を否定して以降、アートはその道を突き進むことになる。

デュシャンが「泉」を発表した当時のダダイズム、シュールレアリズムもそうだし、その後の抽象表現主義、コンセプチュアル・アート、ミニマリズム、パフォーマンス・アートなどの多くの現代アートの潮流は、網膜的なひと目で判断できるアートの否定を源流にしている。

よって、「現代アートがわからない」とか「一度見ただけでは理解できない」というのはきわめて真っ当な反応なのだ。

それはアーティストが望んでいることなのだから。

現代アートは写実的リアリズムから離れて、「これはいったい何？」というプレゼンテーションをくり広げている。よって、観客もその問いを自分の中で受け止めて、自分なりの回答を出すことが求められる。

それが、現代アートの双方向的な鑑賞方法だろう。

さらに20世紀の美術評論において大きな影響力を誇ったアメリカの美術評論家アーサー・C・ダントーは、彼の代表的な美術評論集『ありふれたものの変容』において、現代アートの解釈についてこう断言している。

「何かを芸術として見ることは、（中略）芸術史についての知識を要求する。芸術は、その存在が理論に依存する種類のものである。芸術理論なしでは、黒の絵の具は単に黒の絵の具であり、それ以上ではない」と。

さらにこう畳み掛けるように断定する。

「それを芸術作品として構成する解釈なしには何ものも芸術作品ではない」

つまりダントーによると、現代アートにおいて重要なのは、見る者の知識と解釈である。そうであれば、デュシャンの便器もウォーホルの洗剤箱も、見る者の解釈次第によってはアートになりえるということに彼はお墨《すみ》つきを与えたのだ。

アートの価値は文脈で決まる。古典芸術のような工芸性、金銀《きんぎん》のようなマテリアルの経済的価値、19世紀までの写実力に裏打ちされた技術的価値はほとんどない。

現代の作品は歴史の文脈のなかで何かを継承し、何かを否定することによってのみ、価値を持つ。

第1土曜日は、美術館めぐりを習慣にする。

それでは、歴史的、文脈的な視点でしか価値づけできない現代アートを、いかにすれば「見る」だけではなく「読める」ようにまでなるのか。

それも他のやり方と同じだ。シンプルなインプットのルーティンをやるしかない。プロの美術関係者でないかぎり、それほど頻繁にギャラリーや美術館には足を運べないだろう。そうなると、アート情報を扱うカルチャー雑誌やファッション誌、そしてアート雑誌が日常的な情報源になる。いまやネットでも、アートの情報に特化したものが多々ある。

具体的には、アートの雑誌は日本には『美術手帖』、アメリカには『ARTFORUM』、イギリスには『Frieze』がある。雑誌はこの三誌でほぼ主要なアート情報やレビューはカバーしていると言えるから、定期購読を勧める。ちなみに私は、高校生のときから

『美術手帖』を欠かさず読んでいる。

ネットのアートの情報源は、日本では『美術手帖』のウェブ版、「ぴあ」のアート情報欄、「RealTokyo」「ART iT」「Tokyo Art Beat」がある。

海外は前述の海外雑誌のウェブ版に加えて「ARTnews」は情報量が豊富だ。

しかし、情報としてアートを見るのと、実際の作品を見るのはまったく異なる経験。さらに現代アートの展示がますます空間的、立体的、環境的になってきているので、二次元の粗いデジタル画像で見てわかった気になるのは避けたい。いい展示はなるべく実際に足を運んで見たいものである。

これも、週末に映画館で映画を見ることをルーティン化することを勧めるように、毎週末とは行かなくても、毎月1回でも、ギャラリーや美術館をまとめて見て回ることを勧めたい。

ちなみに、日本を含む先進国では映画の初日が金曜日であるように、美術の展覧会の初日は金曜日に設定されていることが多く、日本のギャラリーは金曜日または土曜日の初日が多い。

よって、たとえば毎月第1土曜日は美術館・ギャラリーめぐりをするものと、あらかじめスケジュールにルーティン的に組んでいくのもいいだろう。

今までにニューヨークを30回以上訪れているが、出会ったニューヨークのプロのクリエイターの多くが――アート関係者であってもなくても――金曜日の夜は美術館やギャラリーをめぐるものと捉えてルーティン的に行動していた。美術館やギャラリーのオープニング・パーティーは、ニューヨークやロンドンではクリエイターにとって最高の社交場であり、情報交換の場となっている。

このアートのインプット・ルーティンの違いが、ニューヨークのプロと東京のプロとの大きな差だなと痛感した次第だ。

東京、大阪といった大都市に住んでいるプロの人たちには、美術鑑賞は都市生活者の特権とも言える利点だということを強調したい。

完成されパッケージ化された映画や音楽の鑑賞は、都市も地方も大きな差異がなくなっているが、本物の作品を見る美術鑑賞や音楽ライブの鑑賞、そして演劇の鑑賞というのは、都市における「三大文化特権」だと私は考えている。

高い家賃の支払いに耐えながら都市に生きるプロのクリエイターにとって、都市に住む意義は、そこにクリエイティヴな仕事が集まっているという職業的な理由に加えて、文化的にはそれらのライブ体験、空間体験のためにあると言ってもいい。

この特権を使わない手はない。

クリエイティヴ・インプットとしてのアート・写真ベスト100。

アート、なかでも現代アートの知的インプットとしての重要さを語ってきたが、さて、どこからこの「一見しただけではわからない」世界に入っていけばいいものか？

そこでそれらの入門ガイドのような――乱暴に例えると、現代アートのベストヒット集のような――リストをここに掲《かか》げよう。

アートの基礎教養と呼べるような主要な作品を紹介するというのは実に難易度が高いのだが、知的インプットを主旨とする本書において避けがたいことだと思い、ここに20世紀以降の重要な作品をリストアップした。

選択の基準は以下。

やはり、歴史にくさびを打つような歴史的作品であること。1アーティスト1つの作品。アーティストの晩年の作品よりは、エポック・メイキングな新しい美意識や概念を提示している作品。作品名はなるべく一般的に通用している名称にし、作品名のアルファベット表示はフランス語で知られる一部のものを除いて英語タイトルにした。掲載は年代順。

クリエイティヴ・インプットとしてのアート・写真ベスト100

《1900～1919年》

□ エドワード・スタイケン「池と月光」1904年 Edward Steichen “The Pond-Moonlight” 1904

□ パブロ・ピカソ「アヴィニョンの娘たち」1907年 Pablo Picasso “Les Demoiselles d'Avignon” 1907

□ アンリ・マティス「ダンス」1909年 Henri Matisse “Dance (I)” 1909

□ フィリッポ・トンマーゾ・マリネッティ「未来派宣言」1909年
Filippo Tommaso Marinetti “Manifesto del Futurismo” 1909

□ コンスタンティン・ブランクーシ「眠れるミューズ」1910年 Constantin Brâncuși “Sleeping Muse” 1910

□ アンリ・ルソー「夢」1910年 Henri Rousseau “Le Rêve” 1910

□ ウンベルト・ボッチョーニ「空間における連続性の唯一の形態」1913年
Umberto Boccioni “Unique Forms of Continuity in Space” 1913

□ ジョルジュ・ブラック「ギターを弾く女性」1913年 Georges Braque “Woman with a Guitar” 1913

□ ジョルジュ・デ・キリコ「通りの神秘と憂鬱」1914年
Giorgio de Chirico “Melancholy and Mystery of a Street” 1914

□ マルク・シャガール「誕生日」1915年 Marc Chagall “The Birthday” 1915

□ ナウム・ガボ「構成された頭部№2」1916年 Naum Gabo "Head No.2" 1916

□ マルセル・デュシャン「泉」1917年 Marcel Duchamp "Fountain" 1917

□ フランシス・ピカビア「愛のパレード」1917年 Francis Picabia "Love Parade" 1917

□ アルフレッド・スティーグリッツ「ジョージア・オキーフ」1918年
Alfred Stieglitz "Georgia O'Keeffe" 1918

□ カジミール・マレーヴィチ「白の上の白」1918年 Kazimir Malevich "White on White" 1918

□ トリスタン・ツァラ「ダダ宣言」1918年 Tristan Tzara"Manifestes Dada"1918

□ テオ・ファン・ドゥースブルフ「構成XI」1918年 Theo van Doesburg "Composition XI" 1918

《1920～1939年》

□ フェルナン・レジェ「3人の女」1921～1922年 Fernand Léger "Three Women" 1921-22

□ ライオネル・ファイニンガー「ゲルメローダⅧ」1921年 Lyonel Feininger "Gelmeroda VIII" 1921

□ **エル・リシツキー**「二つの正方形の物語」1922年　El Lissitzky "About Two Squares" 1922

□ **パウル・クレー**「セネキオ」1922年　Paul Klee "Senecio" 1922

□ **オスカー・シュレンマー**「トリアディック・バレエ」1923年　Oskar Schlemmer "Triadic Ballet" 1923

□ **ワシリー・カンディンスキー**「コンポジションⅧ」1923年
Wassily Kandinsky "Composition Ⅷ" 1923

□ **アレクサンドル・ロトチェンコ**「レンギス あらゆる知についての書籍」1924年
Aleksander Rodchenko "Poster for books with Lilia Brik" 1924

□ **マン・レイ**「アングルのヴァイオリン」1924年　Man Ray "Le Violon d'Ingres" 1924

□ **アンドレ・ブルトン**「シュルレアリスム宣言」1924年　André Breton "Les Manifestes du Surrealisme" 1924

□ **ラースロー・モホリ=ナジ**「フォトグラム」1926年　László Moholy-Nagy "Photogram" 1926

□ **ルネ・マグリット**「イメージの裏切り」1929年　René Magritte "The Treachery of Images" 1929

□ **ピエト・モンドリアン**「赤、青、黄のコンポジション」1930年
Piet Mondrian "Composition with Red Blue and Yellow" 1930

□ **サルヴァドール・ダリ**「記憶の固執」1931年
Salvador Dalí "The Persistence of Memory" 1931

□ **アンリ・カルティエ＝ブレッソン**「サン＝ラザール駅裏」1932年
Henri Cartier-Bresson "Behind the Gare St.Lazare" 1932

□ **ヘンリー・ムーア**「横たわる人」1938年
Henry Moore "Recumbent Figure" 1938

《1940〜1959年》

□ **アレクサンダー・カルダー**「モビール（花びらの弧）」1941年
Alexander Calder "Mobile (Arc of Petals)" 1941

□ **アーヴィング・ペン**「12人の最も撮影されたモデル、ニューヨーク」1947年
Irving Penn "The Twelve Most Photographed Models, New York" 1947

□ **マリノ・マリーニ**「都市の天使」1948年
Marino Marini "The Angel of the City" 1948

□ **アルベルト・ジャコメッティ**「3人の歩く男たちII」1949年
Alberto Giacometti "Three Men Walking II" 1949

☐ **ジャクソン・ポロック**「1（第31番、1950）」1950年
Jackson Pollock "One: Number 31, 1950" 1950

☐ **フランシス・ベーコン**「ベラスケスによるインノケンティウス10世の肖像画後の習作」
1953年 Francis Bacon "Study after Velázquez's Portrait of Pope Innocent X" 1953

☐ **ピエール・スーラージュ**「1954年4月3日」1954年 Pierre Soulages "3 Avril 1954" 1954

☐ **ロバート・ラウシェンバーグ**「ベッド」1955年 Robert Rauschenberg "Bed" 1955

☐ **ウィレム・デ・クーニング**「インターチェンジ」1955年 Willem de Kooning "Interchange" 1955

☐ **マーク・ロスコ**「オレンジと黄色」1956年 Mark Rothko "Orange and Yellow" 1956

☐ **リチャード・ハミルトン**「一体何が今日の家庭をこれほどに変え、魅力あるものにしているのか」1956年 Richard Hamilton "Just What is it That Makes Today's Homes so Different, so Appealing?" 1956

☐ **ジャスパー・ジョーンズ**「旗」1958年 Jasper Johns "Flag" 1958

《1960～1979年》

□ クレス・オルデンバーグ「フロア・バーガー」1962年 Claes Oldenburg “Floor Burger” 1962

□ イヴ・クライン「人体測定」1960年 Yves Klein “Untitled Anthropometry (ant 100)” 1960

□ ジョルジョ・モランディ「静物」1960年 Giorgio Morandi “Still life” 1960

□ アンディ・ウォーホル「キャンベルのスープ缶」1961年 Andy Warhol “Campbell's Soup Cans” 1961

□ フランク・ステラ「グラン・カイロ」1962年 Frank Stella “Gran Cairo” 1962

□ ハイレッド・センター（高松次郎、赤瀬川原平、中西夏之）「山手線事件」1962年
High Red Center-Jiro Takamatsu, Genpei Akasegawa and Natsuyuki Nakanishi- “Yamanote Line Happening” 1962

□ ジョージ・マチューナス「フルクサス宣言」1963年 George Maciunas “Fluxus Manifest” 1963

□ アド・ラインハート「アブストラクト・ペインティング」1963年
Ad Reinhardt “Abstract Painting” 1963

□ ロイ・リキテンスタイン「溺れる少女」1963年 Roy Lichtenstein “Drowing Girl” 1963

□ オノ・ヨーコ「カット・ピース」1964年 Yoko Ono “Cut Piece” 1964

□ ジョセフ・コスース「ひとつのそして三つの椅子」1965年 Joseph Kosuth “One and Three Chairs” 1965

□ ゲルハルト・リヒター「モーターボート」1965年 Gerhard Richter "Motor Boat" 1965

□ ドナルド・ジャッド「無題」1966年 Donald Judd "Untitled" 1966

□ ウィリアム・クライン「ポリー・マグー、お前は誰だ？」（フィルム）1966年
William Klein "Qui êtes vous, Polly Maggoo? (Who are you, Polly Maggoo?)" 1966

□ 草間彌生「無限の鏡の間」1966／1994年 Yayoi Kusama "Infinity Mirrored Room-Love Forever" 1966/1994

□ 河原温「『Today』シリーズ」1966〜2014年 On Kawara "Today" Series 1966-2014

□ デイヴィッド・ホックニー「大きな水飛沫」1967年 David Hockney "A Bigger Splash" 1967

□ ダイアン・アーバス「一卵性双生児」1967年 Diane Arbus "Identical Twins, Roselle, New Jersey" 1967

□ ソル・ルウィット「ウォール・ドローイング」1968年 Sol LeWitt "Wall Drawing" 1968

□ ギルバート&ジョージ「歌う彫刻」1969年 Gilbert & George "The Singing Sculpture" 1969

□ サイ・トゥオンブリー「無題」1970年 Cy Twombly "Untitled" 1970

□ ヨーゼフ・ボイス「私はアメリカが好き そしてアメリカは私が好き」1974年
Joseph Beuys "I Like America and America Likes Me" 1974

□　ナム・ジュン・パイク「TVブラ・フォー・リヴィング・スカルプチャー」1975年
Nam June Paik "TV Bra for Living Sculpture" 1975

《1980～1999年》

□　杉本博司『海景』シリーズ　1980～1996年　Hiroshi Sugimoto "Seascapes" 1980-1996

□　ロバート・メイプルソープ「ポリエステル・スーツの男」1980年
Robert Mapplethorpe "Man in Polyester Suit" 1980

□　リチャード・プリンス「無題（カウボーイ）」1980～1984年
Richard Prince "Untitled (Cowboys)" 1980-1984

□　ロバート・ロンゴ「無題（「都市の人々」より）」1980年
Robert Longo "Untitled, From the series <Men in the Cities>" 1980

□　ジュリアン・シュナーベル「ボブの世界」1980年　Julian Schnabel "Bob's Worlds" 1980

□　マリーナ・アブラモヴィッチ「レスト・エナジー」1980年　Marina Abramović "Rest Energy" 1980

□ ジャン＝ミシェル・バスキア「ウォリアー」1983年 Jean-Michel Basquiat "Warrior" 1983

□ ブルース・ウェーバー「Bruce Weber」（写真集）1983年 Bruce Weber "Bruce Weber" (monograph) 1983

□ アンゼルム・キーファー「マルガレーテ」1983年 Anselm Kiefer "To The Unknown Painter" 1983

□ キース・ヘリング「サブウェイ・ドローイング（無題）」1984年
Keith Haring "Subway Drawing (Untitled)" 1984

□ リチャード・アヴェドン「In the American West 1974-1984」（写真集）1985年
Richard Avedon "In the American West 1974-1984" (monograph) 1985

□ ナン・ゴールディン「性的依存のバラード」（写真集）1986年
Nan Goldin "The Ballad of Sexual Dependency" (monograph) 1986

□ ルシアン・フロイド「自画像：反映」1985年 Lucian Freud "Autoportrait: Réflexion" 1985

□ 森村泰昌「肖像（ゴッホ）」1985年 Yasumasa Morimura "Portrait (Van Gogh)" 1985

□ トーマス・ルフ「ポートレイト」1986～1991年 Thomas Ruff "Portraits" 1986-1991

□ ジェニー・ホルツァー「プロテクト・ミー・フロム・ワット・アイ・ウォント」
1985年 Jenny Holzer "Protect Me from What I Want, from Survival" 1985

□ シンディ・シャーマン「アンタイトルド＃１５３」１９８５年　Cindy Sherman “Untitled #153” 1985

□ ベルンド&ヒラ・ベッヒャー「Water Towers」１９８８年　Bernd & Hilla Becher “Water Towers” 1988

□ ジェフ・クーンズ「メイド・イン・ヘヴン」１９８９年　Jeff Koons “Made in Heaven” 1989

□ フェリックス・ゴンザレス＝トレス「無題（ロス）」１９９１年　Felix Gonzalez-Torres “UNTITLED(ROSS)” 1991

□ マイク・ケリー「アー、ユース！」１９９１年　Mike Kelley “Ahh...Youth!” 1991

□ ジェフ・ウォール「デッド・トゥループス・トーク」１９９２年
Jeff Wall “Dead Troops Talk (a vision after an ambush of a Red Army Patrol, near Moqor, Afghanistan, winter 1986)” 1992

□ ダミアン・ハースト「母と子、分断されて」１９９３年　Damien Hirst “Mother and Child, Divided” 1993

□ マシュー・バーニー「クレマスター４」１９９４年　Matthew Barney “CREMASTER 4” 1994

□ ポール・マッカーシー「トマト・ヘッド」１９９４年　Paul McCarthy “Tomato Head” 1994

□ 艾未未／アイ・ウェイウェイ「漢代の壷を落とす」１９９５年　Ai Weiwei “Dropping a Han Dynasty Urn” 1995

□ ヴォルフガング・ティルマンス「Wolfgang Tillmans」（写真集）１９９５年
Wolfgang Tillmans “Wolfgang Tillmans” (monograph) 1995

□ グレゴリー・クリュードソン「『トワイライト』シリーズ」１９９８〜２００２年
Gregory Crewdson "Twilight"series 1998-2002

□ アンドレアス・グルスキー「ライン川 II」１９９９年 Andreas Gursky "The Rhine II" 1999

《２０００〜２０２３年》

□ 村上隆「Tan Tan Bo Puking – a.k.a Gero Tan」２００２年
Takashi Murakami "Tan Tan Bo Puking – a.k.a Gero Tan" 2002

□ オラファー・エリアソン「ウェザー・プロジェクト」２００３年
Olafur Eliasson "The Weather Project" 2003

□ トーマス・デマンド「コントロール・ルーム」２０１１年
Thomas Demand "Kontrollraum / Control Room" 2011

□ マウリツィオ・カテラン「コメディアン」２０１９年 Maurizio Cattelan "Comedian" 2019

イメージの読解力がない人は、必要とされない時代が到来している。

クリエイティヴなインプット術として、きわめて真っ当な「読書が大事」ということを前章で書いたが、一方でイメージを「読む」こと、いわば「イメージの読書」が重要であることをこの章でくり返し述べてきた。

あらためて言うが、クリエイションとはなんらかのイメージを創ること。視覚表現でないクリエイションの場合でも、音楽はイメージの音楽化であり、小説はイメージの言語化である。よって豊かなイメージのアーカイブを持つことが大事であり、そのためには日常的に最新の良質なイメージと歴史的に価値のあるイメージのインプットが欠かせないことを再度強調したい。

また人類はその誕生以来、言葉とイメージを組み合わせてクリエイションを行ってきたが、20世紀以降は多くの芸術が総合芸術化している。

映画は言うに及ばず、演劇もオペラも音楽コンサートもそうだし、広告キャンペーンも言葉と映像と音とデザインを駆使した商業的総合芸術と言えるだろう。

現代アートの展示も、ますますインスタレーション的で複合メディア的なものが増えている。

私は雑誌の編集長を長年やってきたが、雑誌も言葉とイメージとデザインを編み集めた総合芸術だと捉えている。それら総合芸術的な表現のスタッフとして、言葉を担当しようが、映像を担当しようが、音楽を担当しようが、その全体像を他のスタッフと共有し、一緒に新しいアイデアを出し合おうとなると、各自がその作品の概念＝言葉をしっかり理解し、かつそれぞれの担当領域においてイメージを生み出す作業が求められる。

よって専門領域がなんであれ、共同作業において、他者とイメージを共有し、新たなイメージを生み出す力は必ず必要とされる。

そのためにもイメージの読書力は必須だ。

イメージを読む力が弱い人は、総合芸術的な表現を自らアウトプットすることも、総合芸術的な表現の一部を担《にな》うこともむずかしい。

読書法に関しては、古今東西、数多くの読書術の本がある。それらのなかで最も自分に適したものを選べばいいだろう。

ただし、イメージの読書術に関しては、それほど多くはない。ましてや、視覚文化を見るメディアが急速にデジタル・デバイスに移行している現在、どういうメディアやデバイスを活用するのが最も効果的なイメージ読書術の方法なのか、発展途上ゆえ最適解を出しにくい。

ただ、私がすでに述べているように、デジタル・デバイスで見るコンテンツは、データが圧縮されたものが多い。そしてスマホのような小さいデバイスでは、元のコンテンツが持っている迫力、スケール感、緻密《ちみつ》なディティールが伝わりにくい。

さらにスマホは、そもそも長時間の集中的な視聴、読書には向いていない。

解像度の高い、ディティールにもこだわったものをつくって世に出したいと思う人は(多くのプロがそう思っていると信じたいが)、なるべく解像度が高く、ディティールもあるイメージを自らにインプットして、自分なりのイメージの品質基準のハードルを上げておく必要がある。

イメージ・メイキングのトップクリエイターは、イメージのインプットにいかに貪欲かを示す言葉がある。アメリカで最も著名な写真家で、数多くのセレブのポートレイトを手掛け、米『ヴォーグ』『ヴァニティ・フェア』の中心的写真家であるアニー・リーボヴィッツは、自著『AT WORK』でこう語っている。

「私は自分の前に登場した写真家たちの仕事の膨大な記録を、頭の中のハードディスク・ドライブにバックアップし、持ち歩いている。私は写真のファンであり、いまだに研究生だ。写真の歴史の何かが、私の撮影スタイルに影響を与えている」

第4章　耳のインプット

音楽のセンスが悪い人間は、
クリエイティヴのセンスも悪い。

写真もファッションも小説も、「耳」が良くないと優れた表現者にはなれない。

音楽のセンスが悪い人間は、クリエイション全般のセンスも悪い。

暴論のように聞こえるかもしれないが、今までに内外2000人近くのクリエイターたちと仕事をしてきて、強い実感としてある。

音楽のセンスが良いクリエイターは、センスの良いものをつくる。

音楽のセンスが悪いクリエイターは、残念ながら、仕上がりのセンスも悪い。

「それは音楽関係の仕事をしている人だけの話ではないの？」と思う人もいるだろうが、そうではない。物書きを生業にする人も、写真家も映画関係者も絵描きも、建築家すらも、同様である。

べつに音楽マニアになれとかクラシック音楽に精通しろということを言っているわけではない。好む音楽ジャンルにかかわらず、とにもかくにも優れたクリエイターは音楽のセンスが抜群に良い。
これはほぼ確信を持って言えることだ。

クリエイティヴ業界全体を俯瞰《ふかん》してみると、その背景も見えてくるだろう。現在のきわめてクロスメディアで多チャンネルな情報環境で、なんらかのクリエイションを発表している人間は、本人が好むと好まざるとにかかわらず総合芸術家を志向せざるを得ない。

たとえば、広告表現の中心にはクリエイティヴ・ディレクターが位置することが多いが、クリエイティヴ・ディレクターはテレビ・コマーシャル、ウェブ広告、新聞・雑誌広告、ポスターにデジタルサイネージなど、多くのチャンネルを駆使してキャンペーンを企画立案し、仕上げなければいけない。そこには映像も写真もグラフィックも、そして音楽も関わってくる。

また、ファッション・デザイナーも現代の総合芸術家だ。
ファッション・デザイナーは服のデザインだけでなく、店舗のデザイン、ファッション・ショウの企画、前述したような多様なチャンネルを使ったキャンペーン広告、さらにはYouTube《ユーチューブ》を含むさまざまなSNSでのプロモーションを考えなければいけない。

ここにも当然、音楽が大きく関わってくる。

さらには、映画監督、テレビドラマの演出家、演劇の演出家において、音楽はきわめて重要なパートであることは言うまでもないだろう。

しかし、音を使わない表現のクリエイターの場合は違うのではないか？

いや、私は現在のクリエイターは、音を使う表現者であれ、音を使わない表現者であれ、音楽のセンスが悪い、または音楽になんら関心のない人の表現は、人の感情を動かす力がないと思っている。

そのように言うと猛烈に反論されそうだが、ここに強力な証拠となる例を挙げよう。

現在、日本で最も音楽に精通している小説家は間違いなく村上春樹であることに異論を唱える人はいないだろう。数々の音楽をめぐるエッセイや、世界的指揮者である小澤《おざわ》征爾《せいじ》との対談集までを出している村上の音楽への造詣《ぞうけい》の深さには、驚愕《きょうがく》すべきものがある。

小澤征爾との対談集『小澤征爾さんと、音楽について話をする』（新潮社）で、村上は

「高校生のときにこのグールドとバーンスタインのレコードを聴いて、それでこのハ短調の協奏曲が大好きになったんです」と早熟な音楽遍歴を語り、文章と音楽の関係についてこう述べる。

「僕は十代の頃からずっと音楽を聴いてきたんですが、最近になって、昔より音楽が少しはよくわかるようになったかな……と感じることがあるんです。（中略）というのはたぶん、小説を書いていると、だんだん自然に耳がよくなってくるんじゃないかな。逆の言い方をすると、音楽的な耳を持ってないと、文章ってうまく書けないんです。だから音楽を聴くことで文章がよくなり、文章をよくしていくことで、音楽がうまく聴けるようになってくるということはあると思うんです。両方向から相互的に」（傍点は筆者）

村上は文章を書く方法を、音楽から学んだと言う。

「書き方みたいなのは誰にも教わらなかったし、とくに勉強もしていません。で、何から書き方を学んだかというと、音楽から学んだんです。それで、いちばん何が大事かっていうと、リズムですよね。文章にリズムがないと、そんなもの誰も読まないんです。前に前にと読み手を送っていく内在的な律動感というか……」

小澤の「文章のリズムというのは、僕らがその文章を読むときに、読んでいて感じるリズムということですか？」との問いに、村上はこう答える。

「そうです。言葉の組み合わせ、センテンスの組み合わせ、パラグラフの組み合わせ、硬軟・軽重の組み合わせ、均衡と不均衡の組み合わせ、句読点の組み合わせ、トーンの組み合わせによってリズムが出てきます。ポリリズムと言っていいかもしれない。音楽と同じです。耳が良くないと、これができないんです。できる人にはできるし、できない人にはできません。わかる人にはわかるし、わからない人にはわからない。もちろん努力して、勉強してその資質を伸ばしていくことはできますけど」

大江《おお》江《え》健《けん》三《ざぶ》郎《ろう》曰く、「音楽と文学の構造はきわめて似ている」。

これと同じようなことを小澤征爾に語っている、もうひとりの世界的な評価を誇る日本人がいる。

故・大江健三郎だ。

ノーベル文学賞受賞者である大江は大の音楽好きで知られ、武満徹《たけみつとおる》、小澤征爾とそれぞれ音楽をめぐる対談集も出している。小澤との対談集『同じ年に生まれて　音楽、文学が僕らをつくった』（中央公論新社）のなかで大江はこう語っている。

「文学の世界でも、近代に来て音の役割が弱くなって、意味が力を占めてきたけれども、文体というものが作られる基調はやはり音のリズムだし、主題はやはり悲しみですよ」

さらに大江は、小澤が説明する音楽の構造に文学の構造も似ていると語る。

「音楽は、和音なら和音という垂直のものがあって、その表現を、横への音の動きのなかにおいてやるものだと。それは文学でもまさに同じことが言えるんですね。文学では、和音のかわりにメタファーといいますけれど、暗喩ですね。(中略)譬《たと》えです。それも、直喩、シミールのように、たとえば『あなたの瞳は星のようだ』と言うのじゃなく、『あなたの瞳、それは星』というのが、暗喩、メタファーです。それを文章に書くとき、『あなたの瞳、それは星』という表現がバーンと縦のイメージとしてそびえたつ。しかし、小説はやはり一行ずつ、一ページずつ読んでもらわなきゃいけないから、それを横の文章の流れにのせていくわけです。それを横につないでゆくものが、語り」

このように、日本を代表する二大作家がともに音楽の重要性を雄弁に語っているのだから、音楽を理解することの重要性を少しご理解いただけるかと思う。

音楽は古代においても現代においても、きわめて重要な「教養」である。

実は、音楽が音楽家以外のクリエイターまたは知識人にも重要だという考え方は、古代ギリシャにまでさかのぼる。

音律を発明したのは、ギリシャの数学者ピタゴラス。そのピタゴラスによる数学的な音楽理論の伝統を受けて、ヨーロッパでは音楽を学問として教えることが広まった。中世では教養教育の「自由七科《じゆうしちか》」の「数学」のなかに位置づけられている。つまり、音楽とは数学的教養であると。

ドイツの哲学者であり数学者でもあったゴットフリート・ライプニッツは、「音楽は、それが計算であることをつゆ知らずに、計算から人間の魂が経験した快楽である」と音楽の数学的な側面を強調している。

その後、ヨーロッパにおいて音楽教育は、音楽理論を軸に中世の大学の教養課程になる。

海外の音楽教育事情に詳しい、音楽ジャーナリストの菅野恵理子《すがのえりこ》は『ハーバード大学は「音楽」で人を育てる』（アルテスパブリッシング）のなかで、こう述べる。

「全米最古の大学であるハーバード大学は、多くの学術分野においてカリキュラム編成の先駆的役割をはたしてきた。音楽学科が設立されたのも全米でもっとも早く、一八五五年のことである。そしてこれがモデルとなり、以後アメリカの大学に音楽学科や音楽学校が設立されるようになった。現在同大学では一般教養科目として、どの学生も音楽を学べるようになっている」

菅野によると、ハーバード大学は音楽で多様な価値観を育む教育を行っているという。

さらに菅野によると、もう一つのアメリカを代表する名門大学、シリコンバレーに位置するスタンフォード大学では、音楽は教養科目として幅広く開講されているという。

「楽器演奏、作曲、音楽理論、アンサンブル・合唱など、演奏実技をともなう科目も多い。（中略）キャンパス内の音楽活動も盛んで、年間一五〇以上のコンサートが開催され」ているという。そして「教養科目としての音楽も、『知識を学ぶ』というよりも、『自ら考え、創造する』というアウトプットを重視した内容になっている」。

1年間のバイオリンの訓練で、左脳は驚くほど活性化する。

著名な精神医学者として『レナードの朝』『妻を帽子とまちがえた男』などのベストセラーを持つオリヴァー・サックスは著書『音楽嗜好症《ミュージコフィリア》』（早川書房）にて、日本の科学者が行った音楽に関する実験について述べている。

「わずか一年でもバイオリンの訓練を受けた子どもの左脳半球には、訓練を受けていない子どもとくらべて、著しい変化があることを記録した。このような研究結果が幼少期の訓練について示唆するところは明白だ。ほんの少しモーツァルトを聴いただけで子どもが優秀な数学者になるわけではないかもしれないが、音楽に定期的に触れること、とくに積極的に音楽に参加することが、脳のさまざまな部位——音楽を聴いたり演奏したりするために協調しなくてはならない部位——の発達を刺激する可能性があることはまちがいない。大半の生徒にとって、音楽は読み書きとまったく同様に、教育上重要なのだ」

さらに、サイエンス・ライターとして数々のベストセラーを生み出しているフィリップ・ボールはその著書『音楽の科学』（河出書房新社）で、音楽をこう捉えている。

「音楽は脳のすべてを駆使する活動である。音楽には、理性や論理的思考も必要だし、それに加えて原始的な本能も必要になる。私たちには、音階や、リズム、拍などを無意識のうちに識別し、理解する能力が備わっている。（中略）そうした能力は訓練によって向上することが多い」

ボールは、音楽の目に見えない特質に注目する。彼によると音楽を理解するとは「目に見えず、手で触ることもできない抽象的なものに対応した地図を瞬時に描く能力を有していること」。

音の波だけで目に見える実態がなく、触ることもできない音楽は、まさに概念そのものの芸術と言える。音楽を「音の建築」と定義する人もいるが、この目に見えない概念を頭の中で組み立てて理解する作業は、イメージの創作と同様に、かなり高度な脳の活動だ。

よって他者のクリエイションの概念を理解し、かつこちらも新たな概念を創造するという思考回路を培《つちか》ううえで、きわめて有効な表現のはずだ。

ボールはこうも語る。

「音楽は私たちの脳で作られるということだ。耳に聞こえた複雑な音の組み合わせに意味を見出し、音楽であると理解するのは脳なのだ」

脳のトレーニングになるのは、どのジャンルの音楽か？

では、どのような音楽のインプットが、脳のトレーニングになるのか。

ひとつだけ確信を持って言えるのは、ボールが語るような「耳に聞こえた複雑な音の組み合わせ」のような音楽だろう。つまり、インストゥルメンタルの音楽や外国語の音楽だ。

インストゥルメンタル＝器楽《きがく》の音楽となると、クラシック、ジャズ、現代音楽となる。ドイツのロマン主義の作家Ｅ・Ｔ・Ａ・ホフマンは音楽のすばらしさについて、「音楽は言葉に頼らない芸術なので、かえって言葉では決して表すことのできないものを伝えることができる。したがって器楽曲こそがもっとも深淵《しんえん》な芸術である」と考えた。

言葉でない抽象を好み、理解し、かつ自らもそのようなものを表現しようという、抽象的概念のキャッチボール能力を高めるものとして、やはり音楽は最高の表現ジャンルだろう。

そして、母国語でない言語で歌われる音楽も脳のトレーニングにはいいと考える。母国語の歌は、音楽というよりも言葉として捉える側面が強く、「複雑な音の組み合わせに意味を見出す」行為にはならないことが多い。

もちろんそれは、母国語の歌のすばらしさを否定することではけっしてない。ただ、頭のトレーニングとしての音楽のインプット術を考える際には、歌詞が容易に理解される歌よりも、あくまで器楽のかたまりとして捉えられる音楽や外国語の歌のほうが頭のダンベルになるはずだ。

山《やま》下《した》達《たつ》郎《ろう》はSpotifyのグローバルチャート50をいつも聴いている。

音楽ファンというのはきわめて嗜好性《しこうせい》がはっきりしているもので、「自分はロックしか聴かない」「クラシック音楽ばかり」や「ジャズ狂」みたいな人たちが多く存在する。

しかし本書はクリエイターのための頭のトレーニングの提案が目的なので、個人の趣味の垣根を超えた音楽のインプット術を唱えたい。

それは、これまで述べてきた本やアートなどのインプットと同じように、音楽のタテ軸とヨコ軸の両方を日常的にインプットするというものだ。

音楽のタテ軸＝歴史のインプットはわかりやすいだろう。音楽にはクラシック音楽というきわめて体系化された、その名のとおりヒストリカルな一大ジャンルが存在するし、ジャズも「ジャズ・クラシック」と呼ばれる歴史的な名盤の評価がほぼ確立されている。

一方で音楽のヨコ軸＝今に関しては、インプットがやっかいな状況だ。

単純に今のヒット・チャートを追いかけるという手もあるのだが、シングル・レコードが激減し、配信が主流となった現在は、チャートがあまりにも流動的になっている。

音楽家の山下達郎のように、「Spotifyのグローバルチャート50はいつも聴いてます。今の時代の音像というか、空気感は絶対に必要なので。そこに自分の今までのスタイルをどう融合させていくか」（Yahoo!ニュース「時代の試練に耐える音楽を――『落ちこぼれ』から歩んできた山下達郎の半世紀」2022年6月11日配信より）という人もいるが、それはプロの音楽家ならではのインプット術。

グローバルチャートで1位の曲名ですら、ほとんどの人が知らないというのが現状であるし、日本国内に目を向けると、アイドルやアニソンがチャートの上位をほぼ独占している状況なので、それらの多くは知的インプットのコンテンツとはとても言い難《がた》い。

よって音楽のヨコ軸のインプットは、音楽業界関係者でないクリエイターにとっては、チャートとは関係なく評価の高い最新のアルバム、または配信のアルバムを軸にしていくのがいいのではと私は考える。

ジャンルとしては、今の音楽になるので、ロック、ポップス、R&B、ヒップホップ、ダンスミュージック、現在のジャズ、現代音楽というのがインプットの中心になるだろう。

選び方としては、音楽雑誌の記事やレビュー、音楽サイトのレビューを定点観測的にチェックすること。そしてレコード店に定期的に訪れて、店内のPOPを参考にしたり、小さい店なら店員に相談したりして選ぶのがいいだろう。

私の場合は、日本で最もディスクレビューが充実している音楽雑誌『ミュージック・マガジン』『レコード・コレクターズ』を長年愛読しているので、それらのディスクレビューは大変重宝しており、毎月1回必ずレコード屋めぐりをすることを決めているので、そこで評価の高いアルバムをまとめて買うようにしている。

そのような定点観測的なメディアとルーティン的な購買行動を持っていると、選びやすく買いやすいのではと思う。

ちなみに、私が会ってきたクリエイターの中で格別に贅沢《ぜいたく》な音楽のインプット・ルーティンを行っていたのは、第2章でも取り上げた、ファッションデザイナーのカール・ラガーフェルドだ。

2000年の取材時、彼はファッション・ショウの選曲家として知られる大物DJのミシェル・ゴベールに自分用に選曲した音楽が詰まったiPod《アイポッド》を定期的に送ってもらっていると語っていた。

つまり、世界一の選曲家であるミシェル・ゴベールを〝自分専用のSpotify〟にしていたわけである。

自分の部屋を「音楽インプット部屋」として利用する。

日常のなかでの音楽視聴は、通勤・通学中にスマホでSpotifyやアップル・ミュージックを聴くという人が多いだろう。音楽関係者のように、職場で好みの音楽を聴くことができる人はそう多くない。

しかし、電車のなかでスマホでストリーミングの音楽を聴くのは、あまりいい音楽のインプットではないと考える。それは音楽を聴くというよりも、周囲との雑音からの遮断＝ノイズ・キャンセリングに近い。大事なのは音楽を流し聴きするよりも（それはそれで気持ちいいのだが）、音楽を「読む」ように聴くこと。音楽を理解する聴き方と言えばいいか。

またスマホとイヤフォンで音楽を聴くことが中心になると、どうしてもスマホとイヤフォンに向いた音楽ばかりを聴いてしまうことになる。イヤフォンはスピーカーと比べると細かいニュアンスを表現しにくいので、コントラストの強い音楽を偏《かたよ》って聴く傾向になる。

具体的には、低音域と高音域が強調されたラウドな音楽――ロック、ヒップホップ、ダンスミュージック、アニソンなど――が好まれやすい。

さらにアルバム単位ではなく、シングル曲単位のリスニングになりやすく、長い作品をゆっくり聴くというのに向いているデバイスではない。

頭のトレーニングを考えると、音楽はやはり自宅でスピーカーを通して、長くゆっくりと集中的に聴くべきだ。

「家にスピーカーがない」「そんな時間はないよ」という声がすぐに飛んできそうだが、

まずスピーカーもかなり日進月歩していて、いわゆるオーディオ・アンプにケーブルをつないで再生する左右二台一組の古典的スピーカーだけでなく、小型の一台でステレオ再生するBluetooth《ブルートゥース》対応型スピーカーというものが、各社からお手頃な価格で出ている。

これであれば、パソコンやスマホからでも音楽が再生できる。そして音質も、驚くほど向上している。

そしていちばん肝心なのは、音楽を集中的に聴く時間をつくることだろう。

これは休日に、音楽インプットのルーティンの時間を設けるしかない。土曜朝の40分～60分でいい。それこそ、グーグル・カレンダーに大事な予定として記入する。

スマホ＋イヤフォンで、短い曲をザッピングしながら情報のように聴くという行為からなるべく離れた、頭の中で音楽をゆっくり「読む」時間をつくることを強く推奨したい。

クリエイティヴ・インプットとしての音楽アルバムベスト100。

この章の最後に「クリエイティヴ・インプットとしての音楽アルバムベスト100」のリストを挙げよう。ポイントは、単に売れた/売れないではなく、20～21世紀の音楽の歴史にくさびを打っているもの。これらのアルバムの多くを聴くと、20～21世紀の音楽の大きな変遷《へんせん》の概要がつかめるのではないかと思う。

古今東西の名曲、名盤を挙げだすとキリがないので、次のような基準で選んでいる。

1：20～21世紀の作品だけ。

2：すべてアルバムとして国内盤が出ている、または国内盤が出ていたもの。輸入盤は含めない。

3：1アーティスト1枚（サントラ盤、グループ参加を除く）

4：新しい音楽の発表の中心が80年代以降は12インチ・シングル、そして90年代に入ると音楽配信やSNSといったメディアに移行しているが、それらは把握しきれないので扱っていない。
5：ベスト盤、オムニバス盤や編集盤は含んでいない。
6：現代音楽やジャズに関しては、同じ楽曲がさまざまなレーベルまたはメディアで発表されていることが多いので、発売年ではなく、録音年を表記しているものもある。

そしてロックが多いのは筆者の好みなので、笑って許してほしい。

クリエイティヴ・インプットとしての音楽アルバムベスト100

《現代音楽》

□ **イーゴリ・ストラヴィンスキー**／Stravinsky「春の祭典／Le Sacre du Printemps」
指揮：イーゴリ・マルケヴィチ　録音：1959年

□ **アルノルト・シェーンベルク**／Arnold Schönberg「月に憑かれたピエロ／Pierrrot Lunaire」
指揮：ピエール・ブーレーズ　録音：1961年

□ **武満徹**「ノヴェンバー・ステップス／November Steps」指揮：小澤征爾　録音：1967年

□ **テリー・ライリー**／Terry Riley「ア・レインボウ・イン・カーヴド・エアー／A Rainbow in Curved Air」1969年

□ **オリヴィエ・メシアン**／Olivier Messiaen「世の終わりのための四重奏曲／Quatuor pour la Fin du Temps」演奏：タッシ　1973年

□ **ジョン・ケージ**／John Cage「ジョン・ケージ／John Cage」1974年

□ **スティーヴ・ライヒ**／Steve Reich「18人の音楽家のための音楽／Music for 18 Musicians」
録音：1976年

□ **ブライアン・イーノ**／Brian Eno「アンビエント1：ミュージック・フォー・エアポーツ／Ambient 1: Music for Airports」1978年

□ **フィリップ・グラス**／Philip Glass「グラスワークス／Glassworks」1982年

□ **ローリー・アンダーソン**／Laurie Anderson「ミスター・ハートブレイク／Mister Heartbreak」1984年

□ **アルヴォ・ペルト**／Arvo Pärt「アリーナ／ALINA」録音：1995年

《ジャズ》

□ **アート・ブレイキー**／Art Blakey「バードランドの夜 Vol.1／A Night at Birdland, Vol.1」録音：1954年

□ **チャールズ・ミンガス**／Charles Mingus「直立猿人／Pithecanthropus Erectus」1956年

□ **キャノンボール・アダレイ**／Cannonball Adderley「サムシン・エルス／Somethin' Else」1958年

□ **マイルス・デイヴィス**／Miles Davis「カインド・オブ・ブルー／Kind of Blue」1959年

□ **ビル・エヴァンス**／Bill Evans「ワルツ・フォー・デビー／Waltz for Debby」1961年

□ **ハービー・ハンコック**／Herbie Hancock「処女航海／Maiden Voyage」1965年

□ **ジョン・コルトレーン**／John Coltrane「至上の愛／A Love Supreme」1965年

□ **ウェイン・ショーター**／Wayne Shorter「スピーク・ノー・イーヴル／Speak No Evil」1966年

□ **チック・コリア**／Chick Corea「リターン・トゥ・フォーエヴァー／Return to Forever」1972年

□ **キース・ジャレット**／Keith Jarrett「ケルン・コンサート／The Köln Concert」1975年

□ **菊地雅章**「ススト／SUSTO」1981年

《日本のロック／ポップ・ミュージック》

□ **はっぴいえんど**「風街ろまん」1971年

□ **細野晴臣**「HOSONO HOUSE」1973年

□ **サディスティック・ミカ・バンド**「黒船」1974年

□ **坂本龍一**「千のナイフ」1978年

□ **イエロー・マジック・オーケストラ**／Yellow Magic Orchestra「ソリッド・ステイト・サヴァイヴァー／SOLID STATE SURVIVOR」1979年

□ **高橋幸宏**「ニウロマンティック／NEUROMANTIC」1981年

□ **大滝詠一**「A LONG VACATION」1981年

□ **山下達郎**「FOR YOU」1982年

□ **ピチカート・ファイヴ**「女性上位時代」1991年

□ **コーネリアス**「Point」2001年

《ロック》

□ **チャック・ベリー**／Chuck Berry「アフター・スクール・セッション／After School Session」1957年

□ エルヴィス・プレスリー／Elvis Presley「エルヴィス・プレスリー登場！／Elvis Presley」1956年

□ ボブ・ディラン／Bob Dylan「追憶のハイウェイ61／Highway 61 Revisited」1965年

□ ビーチ・ボーイズ／The Beach Boys「ペット・サウンズ／Pet Sounds」1966年

□ ビートルズ／The Beatles「サージェント・ペパーズ・ロンリー・ハーツ・クラブ・バンド／Sgt. Pepper's Lonely Hearts Club Band」1967年

□ ジミ・ヘンドリックス／Jimi Hendrix「アー・ユー・エクスペリエンスト？／Are You Experienced」1967年

□ ヴェルヴェット・アンダーグランド&ニコ／The Velvet Underground & Nico「ヴェルヴェット・アンダーグランド&ニコ／The Velvet Underground & Nico」1967年

□ キング・クリムゾン／King Crimson「クリムゾン・キングの宮殿／In The Court of The Crimson King」1969年

□ スライ&ザ・ファミリー・ストーン／Sly & The Family Stone「スタンド！／Stand!」1969年

□ レッド・ツェッペリン／Led Zeppelin「レッド・ツェッペリンⅣ／(untitled)」1971年

☐ **ジョン・レノン**／John Lennon/Plastic Ono Band「イマジン／Imagine」1971年

☐ **ローリング・ストーンズ**／The Rolling Stones「メイン・ストリートのならず者／Exile on Main St」1972年

☐ **ピンク・フロイド**／Pink Floyd「狂気／The Dark Side of The Moon」1973年

☐ **クイーン**／Queen「オペラ座の夜／A Night at The Opera」1975年

☐ **セックス・ピストルズ**／Sex Pistols「勝手にしやがれ!!／Never Mind The Bollocks, Here's The Sex Pistols」1977年

☐ **デヴィッド・ボウイ**／David Bowie「英雄夢語り／Heroes」1977年

☐ **ザ・クラッシュ**／The Clash「ロンドン・コーリング／London Calling」1979年

☐ **フライング・リザーズ**／The Flying Lizards「ミュージック・ファクトリー／The Flying Lizards」1979年

☐ **スペシャルズ**／The Specials「スペシャルズ／The Specials」1979年

☐ **アンディ・パートリッジ**／Andy Partridge「テイク・アウェイ／Take Away」1980年

□ XTC「ブラック・シー／Black Sea」1980年

□ トーキング・ヘッズ／Talking Heads「リメイン・イン・ライト／Remain in Light」1980年

□ パブリック・イメージ・リミテッド／Public Image Limited「フラワーズ・オブ・ロマンス／Flowers of Romance」1981年

□ ドナルド・フェイゲン／Donald Fagen「ナイトフライ／The Nightfly」1982年

□ ロキシー・ミュージック／Roxy Music「アヴァロン／Avalon」1982年

□ ポリス／The Police「シンクロニシティー／Synchronicity」1983年

□ マルコム・マクラーレン／Malcolm McLaren「俺がマルコムだ！／Duck Rock」1983年

□ プリンス&ザ・レヴォリューション／Prince & The Revolution「パープル・レイン／Purple Rain」1984年

□ スクリッティ・ポリッティ／Scritti Politti「キューピッド&サイケ85／Cupid& Psyche 85」1985年

□ ピーター・ガブリエル／Peter Gabriel「So ピーター・ガブリエルV／So」1986年

□ **ビースティ・ボーイズ**／Beastie Boys「ライセンスト・トゥ・イル／Licensed to Ill」1986年

□ **U2**「ヨシュア・トゥリー／The Joshua Tree」1987年

□ **プライマル・スクリーム**／Primal Scream「スクリーマデリカ／Screamadelica」1991年

□ **ビョーク**／Björk「デビュー／Debut」1993年

□ **ベック**／BECK「オディレイ／Odelay」1996年

□ **レディオヘッド**／Radiohead「OKコンピューター／OK Computer」1997年

《エレクトリック・ミュージック》

□ **クラフトワーク**／Kraftwerk「人間解体／Die Mensch Maschine／The Man Machine」1978年

□ **アート・オブ・ノイズ**／The Art of Noise「誰がアート・オブ・ノイズを…／(Who's Afraid of) The Art of Noise!」1984年

□ **808ステイト**／808 State「ナインティ／90」1989年

□ **ゴールディー**／GOLDIE「TIMELESS」1995年

《クラブ・ミュージック》

□ **ソウル・II・ソウル**／Soul II Soul「キープ・オン・ムーヴィン／Club Classics Vol.one」1989年

□ **マッシヴ・アタック**／Massive Attack「ブルー・ラインズ／Blue Lines」1991年

《ブルース》

□ **ロバート・ジョンソン**／Robert Johnson「コンプリート・レコーディングス／The Complete Recordings」1990年

《ブラック・ミュージック》

□ **オーティス・レディング**／Otis Redding「オーティス・ブルー／Otis Blue」1965年

□ **ジェームス・ブラウン**／James Brown「セックス・マシーン／Sex Machine」1970年

□ **マーヴィン・ゲイ**／Marvin Gaye「愛のゆくえ／What's Going on」1971年

□ **スティーヴィー・ワンダー**／Stevie Wonder「インナーヴィジョンズ／Innervisions」1973年

□ **ファンカデリック**／Funkadelic「ワン・ネイション・アンダー・ア・グルーヴ／One Nation Under a Groove」1978年

□ **クインシー・ジョーンズ**／Quincy Jones「愛のコリーダ／The Dude」1981年

□ **マイケル・ジャクソン**／Michael Jackson「スリラー／Thriller」1982年

□ **ジャネット・ジャクソン**／Janet Jackson「リズム・ネイション1814／Rhythm Nation 1814」1989年

□ **エリカ・バドゥ**／Erykah Badu「バドゥイズム／Baduizm」1997年

《ヒップホップ》

□ グランドマスター・フラッシュ／Grandmaster Flash「ザ・メッセージ／The Message」1982年

□ RUN-D.M.C.「キング・オブ・ロック／King of Rock」1985年

□ アフリカ・バンバータ／Afrika Bambaataa「プラネット・ロック～アルバム／Planet Rock: The Album」1986年

□ デ・ラ・ソウル／De La Soul「3 Feet High and Rising」1989年

□ パブリック・エネミー／Public Enemy「パブリック・エネミーII／It Takes a Nation of Millions to Hold Us Back」1988年

《レゲエ＆ダブ》

□ ボブ・マーリー＆ザ・ウェイラーズ／Bob Marley & The Wailers「ライブ！／Live! At The Lyceum」1975年

□ **ニューエイジ・ステッパーズ**／The New Age Steppers「ニュー・エイジ・ステッパーズ／The New Age Steppers」１９８０年

《**映画音楽**》

□ **バート・バカラック**／Burt Bacharach「００７カジノロワイヤル／Casino Royale」１９６７年

□ **ヴァンゲリス**／Vangelis「ブレードランナー／Blade Runner」１９９４年

□ **坂本龍一**「戦場のメリークリスマス／Merry Christmas, Mr. Lawrence」１９８３年

□ **マイケル・ナイマン**／Michael Nyman「ピアノ・レッスン／The Piano」１９９３年

《**ワールドミュージック**》

□ **キング・サニー・アデ**／King Sunny Ade「シンクロ・システム／Synchro System」１９８３年

□ ヌスラット・ファテ・アリー・ハーン／Nusrat Fateh Ali Khan「ショーハン・ショー／Shahen Shah」1989年

《ラテン／ブラジル》

□ スタン・ゲッツ&ジョアン・ジルベルト／Stan Getz & Joao Gilberto「ゲッツ・ジルベルト／Getz/Gilberto」1964年

□ セルジオ・メンデス／Sergio Mendes「Herb Alpert Presents: Sergio Mendes & Brasil '66」1966年

□ アントニオ・カルロス・ジョビン／Antonio Carlos Jobim「波／WAVE」1967年

□ カエターノ・ヴェローゾ／Caetano Veloso「トロピカリア／Tropicália ou Panis et Circencis」1968年

第5章 口のインプット

トップクリエイターは、
なぜ「食べ方」に気を使うのか？

食べ方を変えることは、「生き方を変える」ことである。

口へのインプットとは、何か？

それは、食事である。

さすがに口にアートや文学をインプットするわけにはいかない。しかし食事がクリエイティヴに生きるうえで、またクリエイティヴなアウトプットを維持し続けるうえで、きわめて重要であることはあまり語られてこなかったと思う。

身体が健康でなければ、物事を熟慮する知性も、練りに練られた完成度の高いクリエイションを生む創造力も維持できない。不健康でも優れた小説や音楽を発表した人は歴史上存在しているが、その多くは若くして亡くなっている。

誰もが夭折《ようせつ》したいと願わず、長くクリエイティヴでありたいと思っているはずだ。ましてや、プロはより長く、よりクリエイティヴな人生を送るために、人一倍健康に留意して当然だろう。

食べることは生きることに直結する行為であり、「食べ方は生き方」でもある。

この章では、自分の失敗談や恥ずかしい経験も踏まえつつ、さまざまな食生活の改革者たちとの出会いを通じて学んだことを伝えていきたい。

早寝早起きと、食事革命。

クリエイティヴ業界では、徹夜自慢、不摂生《ふせっせい》自慢の話をよく聞くものだ。「5日連続徹夜した」「俺は1週間連続徹夜だ」とか、「料理したり外食する時間すらなくて、毎晩ピザの宅配で済ましている」「忙しいときの食事はほとんどエナジーバー」のような。

しかし当然のごとく、これらの話のオチは「結果、体調が悪くなって……」というところに落ち着く。さすがに働き方改革などの潮流《ちょうりゅう》で、徹夜の連続という仕事のスタイルはあらゆる領域で減ってきてはいると思うが、食事の不摂生自慢はどうもいまだに根強いものがある。

実は私もかつてはそうだった。それもかなり長い期間そうだったのだから情けない。忙しさを言いわけにして、食事の内容も時間帯も、かなり無頓着な時期が続いた。デスクの上で仕事をしながら食べられるものを基本にしており、そうなるとサンドイッチやおにぎりやホットドッグやエナジーバーが食べるものの主軸であり、それだと栄養バランスが悪いだろうという浅知恵で栄養ドリンクにビタミン剤を大量に摂取していた。

結果は想像どおり。もう少し私の「不摂生自慢」話におつきあいいただきたい。

40歳を目前に、かつて経験したことがない不調が訪れた。当時は、大手の新雑誌の創刊編集長という大役と幾多のクライアント・ワークを手がけ、そして私が代表を務める会社のスタッフが激しく入れ替わっている時期。多忙とストレスを言いわけに、前述のような不摂生な食事スタイルも極《きわ》まった時期で、あるときから急に毎日激しい頭痛と悪《お》寒《かん》に襲われるようになった。

即座に総合病院に診察に行って医師に診てもらい、薬を処方してもらったのだが、まったく効かない。セカンドオピニオンを得るべく別の東京を代表する総合病院に行くと、違う診断をされて、また大量の薬を処方してもらうのだが、これもまったく効かない。

さらに次なるサードオピニオンを求めて、藁《わら》にもすがる思いでまた別の有名総合病院に行くと、これまた違う診断をされて、さらに大量の薬を処方してもらうのだが、これも一切効かない。

こうやって服用する薬の量だけが増えていくが、体調はますます悪化し、自分の体温が日に日に下がっていく感覚に陥る。とにかく、身体が心底冷えている状態だった。

「このままだと死ぬ」と恐怖に震えた。

そこで、薬に頼らずに、生活習慣を思いきり変えようと考えた。

それまで徹夜自慢的な、深夜型の生活スタイル――朝5時就寝で朝8時起床のわずか3時間睡眠――だったのを、（自分としては）早寝早起き――夜24時就寝で朝8時起床――に変えてみた。

睡眠時間を増やした分、仕事の時間の無駄な部分を徹底的に省《はぶ》くようにした。

さらにいちばんの改革は、食生活をがらりと変えたこと。まずは、それまでまったく読んでもいなかった食事療法関係の本を大量に読み、それらのエッセンスを自分なりに整理して、それまで近くのコンビニや出前、または仕事後の深夜の焼肉などで済ませていた食事を、思いきり反対側に行こうとした。

なにせそのときは、明日死んでもおかしくないくらい体調が悪かったのだから。

自分がとった食事の改革とは、以下の方針となる。

1：毎日、決まった時間に食べる
2：肉食をやめる
3：朝食をとらない
4：昼食を1日の食事のメインにして、夕食を軽くする
5：なるべくオーガニックなもの、鮮度の高いものを食べて、加工食品を極力とらない

食に関する自分なりの憲法を制定して、まず2週間、徹底的にそれを実践してみた。

すると効果てきめん。頭痛、悪寒は消え、体温が上がり、劇的に体調が良くなったのだ。その2週間は病院から処方され、「飲むべし」とされていた薬もすべて服用をやめた。

そして、もっと食に関する本を読むようになり、さらに知識を深めた。仕事はかなり

忙しかったので、早寝早起きはときに崩れてしまったが、食のスタイルだけは崩さないようにした。

そうやって自分なりの食事革命はますます効果を上げ、以前よりもずっと体調が良く、元気で、健康的に痩《や》せ、それが精神にも影響を与えるようになった。暗く悲観的で怒りっぽい性格から、明るく穏やかな性格（あくまで自分比）に変化していった。

そして、このような食生活の革命は、同じような志《こころざし》の人々と互いの磁力で引き合うようになる。ヴィーガン、ベジタリアン、マクロビオティックの実践者たちと、世界の各地で出会うようになるのだ。

生き方としての
ヴィーガンを選んだ女性たち。

　ヴィーガン＝肉も魚も乳製品も卵もとらない完全菜食主義者との出会いは、当時南《みなみ》青山《あおやま》で「カフェエイト」というヴィーガン・カフェを営んでいた清野玲子《きよのれいこ》さんと川村明《かわむらあき》子《こ》さんとの出会いに始まる。

　私が編集長を務めていたカルチャー・マガジン『コンポジット』の編集スタッフがお店の評判を聞いて訪れ、その後、私に紹介してくれた。ちょうど自分の食事革命がまさに始まったばかりのときで、ヴィーガンに関する記事や資料を読み始めた頃だった。

　それは２００４年で、当時の日本ではヴィーガンという言葉はまったく広まってなく、それらの記事は主に欧米のものだった。

　カフェエイトは２０００年から２００４年まで南青山で営業し、その後２００６年に目黒《めぐろ》区青葉台《あおばだい》に移転する。私の事務所も２００６年にその近所に移転するので、よく通うようになった。

人がヴィーガンになる理由はさまざまだ。体質的問題、倫理的問題、栄養学的問題など、さまざまな理由で人はヴィーガンという道を選ぶ。清野さんは体質的ヴィーガンだった。つまり体質的に動物性食材を受けつけない身体として育った。彼女はアートディレクターとなり、デザイン事務所の同僚だった川村明子さんと出会う。川村さんはごくふつうの食生活を送っていたのだが、清野さんに影響され、「ときどきヴィーガン」の食生活を送るようになる。

そして、動物性食材を食べられない人、または食べたくない人は少数ながらいても、植物性食材を食べられない人はいないという考えにいたり、当時は少数派ながらもユニバーサルな食事をアートディレクターという職種で培ったデザイン性も加味して提供するカフェを構想し、実践したのだった。

いわば彼女たちは、生き方としてのヴィーガンを選択した人たち。私は彼女たちのその生き方に惹《ひ》かれ、かつ自分の食事革命を決定づける方向として、意図的にヴィーガンの食事法を取り入れることを決めた。

それまでは深夜の焼肉が日常のいちばんのご褒美《ほうび》だったのだから、コペルニクス的転回だった。

そして編集者として彼女たちの考え方を広く伝えたいと思ってまとめたのが、カフェエイト『VEGE BOOK Eat Your Vegetables!』（２００６年）という本となって結実する。

この本はロングセラーとなり、すぐに第2弾『VEGE BOOK 2』（２００７年）、第3弾『VEGE BOOK 3』（２００８年）もつくり、それらもロングセラーとなる。

カフェエイトはその後、南青山に移転拡張して「エイタブリッシュ」というお店になり、現在は２０２３年にオープンした麻布台《あざぶだい》ヒルズに店舗を構えている。

『VEGE BOOK』の編集開始時は自分も実際にヴィーガンの食生活を送らないと嘘《うそ》になると思い、実践した。当然、それは多少のリスクを伴う食事法だった。今ではふつうのスーパーでも「ヴィーガン・カレー」や「ヴィーガン・パスタソース」などが陳列されるようになったが、当時はヴィーガン向けのお店や食品はとても少なく、自分たちでかなり工夫しないと完全菜食という食生活を維持するのはむずかしかったからだ。

さらに一般の人との会食がむずかしかった。

外食のメニューの中心を成すものは、動物性食材または動物性のものが含まれた食材だ。よって、私がヴィーガンの食生活を意図的に始めた1年間は、ほとんど他者と会食をしなかった。ヴィーガンの人たちとヴィーガンのカフェまたは飲食店に行く機会を除いては。

今では多くの店でヴィーガンまたはベジタリアン（菜食主義者。卵や乳製品を食べるかは本人の判断に委ねられている）向けのメニューがあることを考えると、隔世《かくせい》の感がある。

海外のトップクリエイターは、食への意識がめちゃくちゃ高い。

ヴィーガン生活を始めた当時は、普段にも増して海外取材が多い時期だった。そこで海外のクリエイターと会う際に、自分にとって「命がけ」の革命中でもあったので、ついつい食事に関する話を振ってみたところ、彼らの多くが実に食に対する意識が高いのに感銘《かんめい》を受けた。

欧米のクリエイターではヴィーガン、ベジタリアン、後述するマクロビオティックという食事法をとっている、または部分的にとる人がかなりいて、またオーガニック、地産地消《ちさんちしょう》、食のトレーサビリティ、グルテンフリー（小麦・大麦・ライ麦に含まれるタンパク質のグルテンを含まない食事法）、ローフード（低温調理の食事法）を意識している人もかなりいた。

自分のヴィーガン・イヤーである2004年にニューヨーク取材に行った際に、現地の写真家などと連日会食があったのだが、毎晩異なるヴィーガン、ベジタリアン、マクロビオティックのお店を案内され、しかもそれらがどれも盛況で、ニューヨーカーの食の意識の高さに唸ったものだ。

自分の食事革命以降、内外問わずさまざまなクリエイターに、時間が許せば食事法について話を聞くようにしている。そうすると、その人がどんな文学や映画や音楽やアートに影響を受けてきたか？　という問いと同じくらい、どのような食事法をとっているかというのは、そのクリエイターにとって創作的人格形成に大きく寄与していると確信するようになった。

英語の慣用句「You are what you eat」＝「あなたはあなたが食べたものでできている」という言葉は正しいのだ。

ちなみに、同名タイトルのNetflix番組が2024年1月から始まっている。『You Are What You Eat: A Twin Experiment』、邦題は『ヒトは食べ物でできている：双子で〝食〟を検証』というものだ。

遺伝子的にほぼ同じ一卵性双生児たちが8週間にわたって菜食と雑食という、それぞれまったく異なる食生活を送ったとしたらどうなるかというテーマのもと、食品が人体に与える影響を検証する全4話のドキュメンタリーシリーズとなっている。

その結果は、8週間菜食を行ったチームは血流に良い変化が生まれ、悪玉《あくだま》コレステロールの数値が大幅に降下し、極めつきは、生物学的年齢までもが若くなった。

まさに、「驚くべき結果」（番組内での研究者の言葉）であった。

マクロビの教祖・久司《くし》道夫《みちお》から教えてもらった「続ける秘訣」。

類は友を呼ぶもの。食生活を劇的に変えたと周囲に語ると、今度はいろんな人がヴィーガン、ベジタリアンの人やお店を紹介してくれるようになった。食に関する読書もより深掘りするようになり、その流れでマクロビオティック関連の本も立て続けに読むようになった。

マクロビオティックとは、身体を中庸《ちゅうよう》にすることを目指し、食の陰陽《いんよう》を判別し、玄米、全粒粉を主食とする菜食主義というのが一般的な説明になるだろうか。

日本人の桜沢如一《さくらざわゆきかず》が提唱者で、その後、さまざまな広がりと共に分派しているため、その分派によって定義が異なるが、概ね菜食主義が基本であることは変わらない。

そのマクロビオティック（以下マクロビと略）の運動をアメリカで大きく展開したのが、桜沢のもとで学んだ久司道夫だ。彼は1950年代からマクロビの活動をアメリカで始め、たいへんな苦労を味わいつつも、ジョン・レノンやオノ・ヨーコ、そしてヒッピーたちから支持を集め、自然食品の販売ビジネスも拡大し、アメリカで自然食ブームを起こした人物だ。

そして当時、私が頻繁に仕事をしていた作家の原田《はらだ》マハが、彼女の知人を通してマクロビの教祖として知られる久司道夫をボストンの自宅で取材できるという。そこでこのためにマクロビの本を猛烈に読み込み、十二分に下調べをしたうえで原田マハ、エコ関係の広告・PR制作を手がけるマエキタミヤコ、そして私の3人でボストンに飛んだのだった。

このボストンでの久司道夫の取材は、自分の食生活におけるエポックな体験となった。このときの記事は「久司道夫：マクロビの伝道師が語る『食生活は、エコや世界平和につながる』」として雑誌『コンポジット』No.34／2005年6月号に掲載されている。

久司道夫のボストン取材でいちばん学んだことは、食事にはある種の普遍の法則があるが、個々の人間は、人種、国、生まれ育った環境、宗教的・文化的環境などによって食の嗜好性はそれぞれ大きく異なり、それを無理強いして大きく変えることは個々の食への喜びを失うことになるので勧めない、ということ。

旅立つ前は、厳格な宗教指導者のような人物を想像していたので、この大らかさは嬉しい驚きだった。

彼がはっきりと言葉にして言っていたのは、「適当さが大事」ということ。

その言葉をお墨つきのように捉え、私の食事革命はひとつのピークを迎えて次なるレイヤーに移行することになる。さまざまな食事法を知り、ある程度の普遍的な原理を理解しながらも、原理主義的にならず、ジェネラルな適当さをもって実践するという方向を取ることにしたのだ。

つまりは、ヴィーガンが避ける肉・魚・乳製品・卵といった動物性食材もある程度とるようにし、マクロビ的な食材の陰陽のバランスは頭に入れながらも、あまり厳密になりすぎないようにし、ふつうの会食も復活させ、さらにそこで薦められたものは基本的に断らないようにしている。

そのような「適当さ」を持つことによって、再びあの頭痛や悪寒に見舞われるのではという不安もあったのだが、それは杞憂《きゆう》に終わった。

ヴィーガンやマクロビオティックの知識を持って、何を食べ、何を食べないかを日常的な食の中で判断し、また快楽としての、嗜好品的な食の大事さもあらためて理解したので、ロジックと適当さを併せ持って（ヴィーガンやマクロビオティックの人から見ると適当すぎるのかもしれないが）、概ね健康に過ごしている。

現在の私の食事のルールは食事革命の頃と比べるとかなり穏やかなものだ。

1：毎日、決まった時間に食べる
2：肉食は、選んで、少なめに
3：朝食は軽く、植物性のものだけを
4：昼食を1日の食事のメインにして、夕食を軽くする
5：なるべくオーガニックなもの、鮮度の高いものを食べて、加工食品を極力とらない

このやり方だと、自宅でも外食でも無理なく実践できている。

食事革命を続けるなかで、かなりハードコアな、原理主義的なヴィーガンやベジタリ

アン、マクロビオティックの人々にも会ったが、ヴィーガンやマクロビオティックの考え方を日常のできる範囲で実践している人たちのほうが、はるかに多かった。

またマクロビ実践者の多くが、なにがしか自分なりの嗜好品——タバコ、酒、コーヒーなど——をある程度嗜《たしな》んでいることを知ったのも、さらに安堵感を与えてくれた。食は栄養をとるだけでなく楽しみでもあるのだから、楽しみを排除するストイシズムはなかなか続けられないと思う。

ヴィーガンやベジタリアンは、栄養学的には問題ないのか？

ヴィーガン、ベジタリアン、マクロビオティックの食事法には、科学的に正しいと思われるものが多々あるが、一方で栄養学的に問題がある箇所もある。

いちばんよく指摘されるのが、ビタミンB12問題だ。

ビタミンB12は血液をつくる造血作用があり、また末梢《まっしょう》神経を構成する核酸《かくさん》やリン脂質を増加させる役割を持ち、神経を修復する作用がある。そのように、生きていくうえでの必須のビタミンであるB12だが、植物性の食材にはほとんど含まれず、基本的に動物性の肉や魚介類に含まれている。

よってヴィーガンやベジタリアンはB12をビタミン剤、または海藻類に微量に含まれているため、それらからとるしかない。

このビタミンB12問題はよく肉好きの人たちがヴィーガン&ベジタリアンを攻撃する時の格好の材料となる。「ほら、やはり肉や魚を食べないと人間生きていけないぞ」と。

オランダのベジタリアン実践家ロアンヌ・ファン・フォーシュトが書いた『さよなら肉食　いま、ビーガンを選ぶ理由』にてフォーシュトはこのように苦しげに対処法を書いている。

「B12欠乏症はまったく望ましくないので、サプリを飲むか、B12を添加したベジバーガーその他の調理済み食品を食べよう」と。

また、ヴィーガン、ベジタリアン、マクロビの人たちのもうひとつの栄養学的問題は、タンパク質だ。

タンパク質をあらためて定義すると、アミノ酸がつながってできている一群の物質の総称となる。肉、魚介、卵、大豆《だいず》などに多く含まれており、人間の筋肉や臓器などをつくる主な材料となる。よくスポーツ選手がとる「プロテイン・ドリンク」の「プロテイン」とはタンパク質のこと。スポーツ・ドリンクとしてのプロテインは、大豆由来のタンパク質が中心を占める。

ヴィーガンが大豆類をやたらと食べるのは、植物性の食材の中で大豆類がタンパク質の含有量が多いから。しかしここでも問題がある。植物性タンパク質は動物性タンパク質ほど簡単に身体に吸収されないため、ヴィーガンは多めにタンパク質をとる必要がある。

スポーツ選手には一般人よりも多くのタンパク質が必要なので、ヴィーガンのスポーツ選手なら、なおさら多めの植物性タンパク質をとる必要が出てくるのだ。

このタンパク質の摂取に関する動物性と植物性をめぐる議論は、単に栄養学的な問題だけでなく、倫理的、文化的な要素も高いため、簡単に決着がつきそうにないが、私はこの方の意見に同意する。

アメリカの料理研究の大家《たいか》でピッツバーグ大学名誉化学教授ロバート・ウォルクは『料理の科学1』でこう述べる。

「われわれホモサピエンスは植物性、動物性いずれの食料を食べるのにも十分に適応できる歯と消化器官をもつ、雑食性の生物です。しかし、動物保護団体が何と言うかはともかく、肉と魚が料理の主役であり、メインディッシュの花形であることは否定できない事実です」

グルテンフリーは大事な考えだが、グルテンはおいしい。

またグルテンフリーの食事法は、テニス界のスーパースター・プレイヤー、ノバク・

ジョコビッチの自著『ジョコビッチの生まれ変わる食事』で高らかに謳《うた》われていて知っている人も多いかと思う。

ジョコビッチは食事からグルテンを完全に排除する方法を実践し、それによってテニスのパフォーマンスが劇的に向上したことを語っている。

私もヴィーガンやベジタリアンの人たちと出会ったときから、グルテンフリーを実践している人たちにも多く出会った。なかでもニューヨークのオーガニック・スーパーでハードコアなグルテンフリー実践家と出会って、彼女の説を長々と聞いたことがある。

グルテンはタンパク質の一種であるグルテニンとグリアジンが水を吸収して網目状につながったもの。これにより粘着力と弾力性を持っている。

ピザやパスタの弾力性はグルテンによるものだ。あらゆる小麦製品には程度の差はあれ、グルテンが含まれている。具体的には、パン類、小麦粉からつくられるパスタ、うどんなどの麺類、ケーキやドーナツ、クラッカーやビスケット、朝食のシリアルにも含まれていることが多い。

グルテンに対しては、それを消化できないことで起きる自己免疫疾患——セリアック病という——もあり、またグルテンの中のグリアジンという成分に過敏に反応するグルテン不耐症《ふたいしょう》（過敏症）という人もいる。

ジョコビッチは自らをグルテン不耐症だったと語り、「グルテンをカットすることで状態が良くなるのは肉体だけではない。（中略）言うことを聞かなかったのは肉体だけではなかった。私の脳も反乱を起こしていた。集中力がなくなり、感情の制御ができなくなっていた」と振り返る。

そしてグルテンフリーの食事法を始めて、「もう昔のように不安になったり、集中力を欠いたり、ラケットを投げつけたりすることもない」と。さらに「このように平常心を保てるようになった理由の一つは、グルテンがもたらしていた脳内の霧が消え去ったということだ」と断言する。

ジョコビッチが語るグルテンを多く含んだ食材＝高炭水化物の危険性はこういうことになる。

「高炭水化物を吸収した肉体は、グルコース（血糖《けっとう》）をエネルギーとして即座に消費してしまいたいのだが、（中略）今すぐには使わない。（中略）血糖は臓器を腐食してしまうので、肉体はなんとかして血液中の糖分を排除したい。したがって肉体は肝臓《かんぞう》と筋肉内の細胞を覚醒《かくせい》させるホルモンのインシュリンを分泌《ぶんぴつ》し、同時に体内全体に脂肪細胞をばらまき、グルコースを血液内から取り出して蓄積しようとする。（中略）肉体は脂肪を蓄積し、ほとんどは新陳代謝《しんちんたいしゃ》の根拠地となる内臓かその周辺に集まることになる。内臓脂肪と呼ばれるこの物質は、毒物を放出し肉体のさまざまな部分に炎症を引き起こし、長期的に健康に影響をもたらす。この毒物が肝臓や心臓に侵入し、これらの臓器の機能を低下させるのだ」

世界のテニスの帝王によるグルテンフリー讃歌《さんか》のあとにこういうことを書くのはたいへん気がひけるのだが、彼のグルテン＝毒物論に同意しつつも、私のわずかな経験に即して言うと、残念ながらグルテンフリーの食事はたいてい美味しくないのだ。

もちろんグルテンに対して病的または過敏な反応をする人には、グルテンをカットした食事は必須のものだろう。しかし、グルテンに身体的に過敏な反応がないのであれば、ときにはグルテンを含んだ食事というのは、食の楽しみという点では大きなものがあると、ずぼらな自分は考える。

要はバランスではないか。

グルテンの弊害《へいがい》を自覚しつつ、グルテンとつきあっていくというのが自分がとった方針だ。

脳が冴《さ》えたクリエイティヴな身体を、「中庸」によって作り上げよ。

このように、ヴィーガン、ベジタリアン、さらにはグルテンフリーの食事法にもいろいろと難点はある。またマクロビオティックの考えの主軸である、食材を陰と陽に分けて、なるべく極陰《きょくいん》と極陽《きょくよう》のものを避けるという陰陽法の考えも、その判断基準の科学的客観性に難がある。

さらには、個々の嗜好性や文化的・社会的環境も食生活に大きな影響を与えている。

そして「家庭の味」「母の味」といった幼少期から親しんでいる料理は大きな刷り込みなので、その料理を否定することはとてもむずかしい。

ゆえに、食に関するさまざまな考え方があることを知ったうえで、そしてある程度の科学的な栄養学の知識も備えたうえで、自分なりの、健康に良く、アタマも働く食事法を見つけていくしかない。

自分なりの食事法を見出そうと、食に関する本を読み漁《あさ》るのは有効な方法だと思うが、書店の店頭では多種多様な食事法の本があふれかえっており、余計混乱するような状況だ。それらのなかでも「これだけ食べれば大丈夫」「すぐに効く」「短期間」的な、単品主義でインスタントな方法を謳うものはまず疑ったほうがいい。

薬と同様に食事も、即効性が高くてインパクトが強いものはたいてい副作用がある。即効性が高くてインパクトの強いものが切実に必要なほど身体が弱っている非常事態なら仕方ないが、そういう身体に強く作用するものを日常的にとっていくと、体調のアップ&ダウンが激しくなるので、より身体は弱ってくる。

この考え方は食だけに限らない。

即効性が高くてインパクトが強いものを常に摂取していくと、気分のアップ&ダウンが常態化する。そうなると、ゆっくりとしたローインパクトで繊細《せんさい》なものに反応しなくなるので、より即効性が高くよりインパクトが強いものを求めるようになり、さらに気分のアップ&ダウンが激しくなる。

もはやそれは、躁鬱《そううつ》的な状態だろう。すると当然のごとく、強い集中力や前向きな考え方を持つことがむずかしくなるので、短絡的で悲観的な人格、または逆にうつろなユーフォリア（多幸症）になってしまう。

今の日本を覆っている向上心はないが楽観的で快楽主義なムードは、多分に無知蒙昧《むちもうまい》なユーフォリアだと私は思うが、どうだろう。

マクロビオティックの久司道夫の目指すところも、ジョコヴィッチの目指すところも中庸だ。ジョコビッチはこう語っている。「人生のすべてはバランスと中庸だ」と。

食事によって身体を中庸にすることで、精神も、過剰なアップ&ダウンがなく躁鬱もない中庸な状態にもっていけるはずだ。

中庸は、中国の孔子《こうし》の『論語《ろんご》』の言葉から来ている。

孔子は「中庸は徳の至れるものなり」と説いた。つまり「極端に行きすぎず、バランスの取れた状態こそが、人徳の中で最上である」と。

いわば中庸な状態こそが、最も知的で、最もクリエイティヴな状態でもあるのだ。

口のインプットの参考図書13冊。

食に関する本は、レシピ本から健康食、ダイエット法、思想書までさまざまな本があふれているが、ここでは「食べるということはいったい何か？」「身体を健康にする食事とは何か？」という2点に絞った本をリストアップしてみた。

□ 1 フェリペ・フェルナンデス＝アルメスト『食べる人類誌　火の発見からファーストフードの蔓延まで』ハヤカワ・ノンフィクション文庫／2010年

まず、「食べるということはいったい何か？」ということの根本を考えるうえで、1は実に有益かつ刺激的な一冊だ。人間の食文化は栄養学的な理由よりも、文化的、社会的な理由で形成されていることが多いことがよくわかる。

□ 2 **ロバート・L・ウォルク**『料理の科学1　素朴な疑問に答えます』楽工社／2012年

□ 3 **ロバート・L・ウォルク**『続・料理の科学2　素朴な疑問に再び答えます』楽工社／2014年

栄養学的な知識を身につけるうえで、現在のさまざまな疑問に的確に答えてくれるのが、2と3。

□ 4 **久司道夫**『マクロビオティック入門　食と美と健康の法則』かんき出版／1997年

□ 5 **赤峰勝人**『ニンジンから宇宙へ　よみがえる母なる大地』なずなワールド／1993年

□ 6 **河名秀郎**『自然の野菜は腐らない』朝日出版社／2009年

□ 7 **カフェエイト**『VEGE BOOK　Eat Your Vegetables!』リトルモア／2006年

□ 8 **ロアンヌ・ファン・フォーシュト**『さよなら肉食　いま、ビーガンを選ぶ理由』亜紀書房／2023年マクロビオティック、ベジタリアン、ヴィーガンといった野菜中心の、オーガニックな食事法の入門書として、4～8を。

ただし、私はマクロビオティック、ベジタリアン、ヴィーガンの食事法を実践した経験があり、その効果もわかっているが、他人に無理には勧めない。特にヴィーガンの食事法を貫き通すにはかなりの意思が必要なので、私としては、ほどほどマクロビ、ほどほどベジタリアン、ほどほどヴィーガンというゆるい食事法を勧める。

ちなみに6と7は私の編集した本で、手前味噌《てまえみそ》ながらすぐに実践しやすく効果もあると思う。

□ **9 マイケル・モス**『フードトラップ　食品に仕掛けられた至福の罠』日経BP／2014年

□ **10 ウイリアム・デイビス**『小麦は食べるな！』日本文芸社／2013年

現在出回っている加工食品の危険性、そして現在の食事があまりに炭水化物に偏っていることの問題点を見事に描いたのが9と10だ。

まったく加工食品を食べないわけにも、小麦原料の加工食品を食べないわけにもいかないだろうが、それらの危険性は知り、それらをなるべくとらないことが大事。

本書で言及している「自分を賢くしないものを、自分の目と耳と口に入れない」という警句の「賢くしない食」にあたるものがそれらだ。

□ 11 **渡辺正**『朝食をやめて健康になる』光文社知恵の森文庫／2003年

□ 12 **ノバク・ジョコビッチ**『ジョコビッチの生まれ変わる食事』三五館／2015年

□ 13 **牧田善二**『医者が教える食事術 最強の教科書 20万人を診てわかった医学的に正しい食べ方68』ダイヤモンド社／2017年

最後の3冊、11〜13は実践のガイドだ。

11はタイトルだけ読むと朝食のことだけを書いてあるかのように読めるが、食生活全体の捉え直しを提案し、私も実践してかなり効果があった。

12は世界的テニス・プレイヤーが実践している科学的食事法。ジョコビッチの父親がピザ屋を経営しているが、彼はテニスを優先するためグルテンフリーの食事を選びピザを食べなくなったエピソードが笑える。

13は、医者が薦めるさまざまな症例にあった食事法を提案している。

食事法に関する知識を身につけるときに気をつけるべき点は、一人一人の体質が異なり、一人一人の生活スタイルが異なるので、万人すべてに効果的な食事法はないということ。また誰にも、それぞれの好き嫌いやアレルギーなどがある。よって、本に書かれたことを鵜呑《うの》みにするのではなく、自分にとって合っているものを賢く選んで取り入れていくことが大事だろう。

さらに大事なのは、「自分がいま口にしているものは何か?」ということに常に自覚的になることだ。

身体が疲れていること、頭が冴えないことの多くの理由が食に起因しているので、より良く生きるためには、より良く食に向き合うことが肝心である。

第6章

アウトプットの方程式

優れたアウトプットとは、
「意外性のある組み合わせ」である。

優れたアウトプットとは、「意外性のある組み合わせ」である。

ジェームス・W・ヤングは、「アイデアとは既存の要素の新しい組み合わせ以外の何ものでもない」と述べた。

これをインプット／アウトプットという言葉を使って言い換えると、「アウトプットとはインプットの新しい組み合わせ以外の何ものでもない」となる。

この方程式にのっとり、本書ではこれまで「いかに日々（ハードめに）インプットしていくか」についてさまざまな角度から語ってきた。最終章である本章では、では本当に優れたアウトプットは、いったいどういった「インプットの新しい組み合わせ」によって生まれるのかについて、実例を交えながら話していきたいと思う。

本書の想定読者であるクリエイター志望の人間や、日々現場で格闘している若手クリエイターにとっては、もっとも知りたい知識かもしれない。

答えを先に言ってしまうと、それは
「意外性のある組み合わせ」
によって生まれる。

誰でも思いつくような組み合わせは、まさに誰でもできる。たとえアウトプットできたとしても、どこか既視感があり、すぐに埋もれてしまうだろう。話題作にも傑作にもなり得ない。

クリエイティヴのプロに求められるのは、まだ誰も見たことのない、聴いたことのない、読んだことのないような表現を、完成度高く実現し続けていくことだ。

既存のアイデア・要素の組み合わせという方法論はきわめて単純明快で誰でもできそうだが、「意外性のある組み合わせ」は誰でもできることではない。そこにこそ、プロの存在意義がある。

では、古今東西、さまざまな領域におけるすばらしい「意外性のある組み合わせ」を見ていこう。

名作『2001年宇宙の旅』は、「未来」×「クラシック」の組み合わせ。

その発表時における斬新さと、不朽の名作と呼ばれるほどの完成度の高さを誇る映画に、スタンリー・キューブリック監督の『2001年宇宙の旅』(1968年)がある。

まだ人類が月に到達する前に公開されたこのSF映画は、謎の物体モノリスを探査するために宇宙に旅立つ宇宙飛行士の人智を超えた体験を圧倒的な映像美で描いている。

この映画の斬新な組み合わせを挙げるとキリがないほどだが、なかでも音楽の使い方が抜群だ。それまでのSF映画にありがちだった電子音やエレクトリックな音楽ではなく、ほぼ全編にクラシック音楽が使われており、「未来×クラシック」という前例のない組み合わせがまったく新しい世界観をつくりあげている。

特にリヒャルト・シュトラウスの「ツァラトゥストラはかく語りき」がまるでテーマ曲のように、人類の新たな目覚めを鼓舞《こぶ》するかのごとく鳴り響く。

キューブリックは『時計じかけのオレンジ』（1971年）でも、サウンドトラックではクラシック音楽と電子音楽の組み合わせ、ビジュアルでは主人公たち不良少年団と男性バレエダンサー的な装《よそお》いの組み合わせ、バイオレントなシーンには往年のミュージカルの名曲「雨に唄えば」の組み合わせなど、本来であれば結びつかない要素を結合させることで、独自の映像世界を描き出している。

キューブリック映画の斬新かつ完璧な仕上がりの組み合わせは、優れたアウトプットの代表例として、クリエイティヴのプロたちに多くの示唆を与えてくれるはずだ。

ゴルチエのファッションを際立たせる、超折衷《せっちゅう》主義。

ファッションの世界は、半年に一回ファッション・ショウが開催されるので、次々と新たなアイデアを強制的に提示し続けなければならない。そうなると、あるひとつの美学を少しずつアップデートしていくか――これはシャネルやエルメスがそうだろう――毎回予想を裏切るような新しいものを提示し続けるか――これはコムデギャルソンやデムナ・ヴァザリアが手がけるバレンシアガなどがそうだろう――の、大きく分けて2つのアプローチがある。

そのような「新しいアイデアの競争」のなかで、長年にわたってパリコレで活躍してきたファッションデザイナー、ジャン・ポール・ゴルチエは、自らのアイデアを生み出す方法論をこう呼んでいる。

「スーパー・エクレクティック＝超折衷主義」と。

つまり、いろんなネタの強引なまでの組み合わせが、ゴルチエの方法論となっているのだ。

具体的には、北極圏のイヌイットの民族衣装とロンドン・パンクを組み合わせたり、仏ロココ時代のシノワズリ（中国趣味）とアメリカのウェスタン・ファッションを組み合わせたり、イヌイットの民族衣装と中欧のボヘミアンのスタイルを組み合わせたりしている。また2012年の春夏コレクションのテーマはハワイ×パリジャン、さらに翌年春夏のテーマは80年代ポップスター×ゴルチエのトレードマークであるセーラー・ボーダーと、時代、場所、民族を軽々と飛び越えた組み合わせを意欲的に行っている。

このような斬新なファッションの組み合わせの結果は、とかく着にくく、シリアスで重い印象を与えがちなのだが、ゴルチエの優れた点は、常に着やすく、ポップで明るい仕上げになっているところ。

ちゃんと「流行る服」として仕上げている点が、さすがだ。

YMOは「一枚のメモ」から生まれた。

音楽の世界も、斬新な組み合わせによって日々新しい表現が生まれている業界である。

たとえば日本を代表する音楽グループ、イエロー・マジック・オーケストラ、省略してYMOは、一枚の組み合わせを提示するメモから生まれたことをご存じだろうか。

リーダーの細野晴臣《ほそのはるおみ》が坂本龍一、高橋幸宏《たかはしゆきひろ》に声をかけて始まったこのグループの誕生時に、細野は次のようなコンセプトをメモに書いて2人に示したという。
「マーティン・デニーの『ファイアー・クラッカー』をシンセサイザーを使用したエレクトリック・チャンキー・ディスコとしてアレンジし、シングルを世界で400万枚売る」と。

マーティン・デニーはアメリカの音楽家で、エキゾティック・ミュージックの大家で知られている。デニーはアメリカ人の視点から見たアジアやオリエンタルな音楽をアメリカのリスナーのために作曲して人気を博した人物で、そのエキゾチシズムに細野は虜《とりこ》になる。なぜなら細野も日本において長くさまざまな異郷の音楽を取り込んだポップ・ミュージックを試行錯誤していたからだ。

しかし細野のエキゾティック・シリーズと呼べるソロ作は、高い評価は受けつつもセールス的には厳しいものになっていた。

そこで細野は、彼が探究するエキゾティックな音楽を次なるレイヤーに持っていくことを考えた。70年代後半、全世界を席巻したディスコ・ブームにあやかって、ディスコ・ビート――4分の4拍子の4拍すべてのアタマをバス・ドラムで強調したビート

――を用いて、そこにエキゾティックなメロディーをシンセサイザーで乗せようと。

その結果生まれたのがＹＭＯのファーストアルバムの1曲目であり、彼らが最初にレコーディングした曲である「ファイアークラッカー」だ。

この曲はデニーの同名曲のカバーであり、コンピュータで同期させたサウンドが中心で、ディスコ・ビートのリズムで仕上げている。

この曲はアメリカでシングルとしてリリースされ、残念ながら細野が夢見る大ヒットにはならなかったが、アメリカの人気音楽番組「ソウル・トレイン」にＹＭＯが出演してこの曲を演奏し、全米シングルチャートでは60位まで食い込んだ。

その後に発売されたファーストアルバム『イエロー・マジック・オーケストラ』は日本版もアメリカ版も当初まったくヒットしなかったのだが、彼らのセカンドアルバム『ソリッド・ステイト・サヴァイヴァー』から火がつき、このセカンドは日本国内では100万枚を超えるメガヒットとなったのは周知のとおり。

この『ソリッド～』のA面は、細野が当初から目論《もくろ》んだ、エキゾティックでシンセサイザーを使ったディスコ・サウンドというコンセプトをより明確にした曲が中心で、ここから「テクノポリス」「ライディーン」といったＹＭＯの代表曲が生まれている。

細野が「ファイアークラッカー」に託したコンセプトは、自分たちのオリジナル楽曲で昇華されたのだ。

ちなみに、YMOの「ファイアークラッカー」を大胆にサンプリングしたジェニファー・ロペスのシングル曲「アイム・リアル」は、2001年に全米チャートの1位に輝いている。つまり細野の夢は、ジェニロペの力を借りて実現したことになる。

世界一有名なミュージックビデオ「スリラー」は、ゾンビ×ミュージカル。

世界で一番売れた音楽アルバムは、マイケル・ジャクソンの『スリラー』(1982年)だ。

全世界で1億枚を売ったこのメガアルバムのタイトルソング「スリラー」は、その大胆なミュージックビデオ（以下MVと略）で一大センセーションとなった。

映画監督のジョン・ランディスが監督したそのMVはまさに映画仕立ての全編13分もの長尺《ちょうしゃく》。最初は台詞《せりふ》のある芝居が続き、マイケルとそのガールフレンドがデートとして夜の街にゾンビ映画を見に行き、その帰りにマイケルに変化が起き、彼がゾンビと化して、他のゾンビたちと共にガールフレンドを襲おうとする設定だ。

マイケルがゾンビとなり、他のゾンビたちとも一緒になって踊り狂うシーンは、このMVをフルで見ていない人でも知らない人はいないくらい有名なイメージとなっている。

このMVのコンセプトは、ゾンビ×ミュージカル。ゾンビというおぞましいものの定番ネタと、ミュージカルという明るく楽しい映画のフォーマットの大胆かつ意外性のある組み合わせが、このMVを空前の成功に導いた。

タイトルも「スリラー」であり、まさに「恐怖」そのものをファンキーなエンタテインメントに昇華させるという斬新な組み合わせが強烈なインパクトを生んだ、傑出した事例だろう。

1年間に200本の映画を見る、シネフィル・タランティーノ。

組み合わせそのものを命題にしているようなクリエイターも数多くいる。映画監督のクエンティン・タランティーノ（1963年生まれ）もそのひとりだ。1992年に『レザボア・ドッグス』でデビューしたタランティーノは、デビュー時から現在まで、映画狂として彼が見てきた膨大な映画ネタのアーカイブの組み合わせを楽しむ映画をつくり続けている。

彼いわく「自分は映画の歴史家だ」と。

デビュー作『レザボア・ドッグス』は香港映画『友は風の彼方に』の物語をそっくりそのまま使って場所をロサンゼルスに置き換えた話であり、『キル・ビル』はさまざまなB級アクション映画の引用から成り立っている。ブルース・リーの『死亡遊戯《しぼうゆうぎ》』に『グリーン・ホーネット』、香港映画の『吼《ほ》えろ！ドラゴン 起《た》て！ジャガー』や、日本の『修羅雪姫《しゅらゆきひめ》』『柳生《やぎゅう》一族の陰謀』『服部半蔵《はっとりはんぞう》／影の軍団』『バトル・ロワイアル』、さらにさまざまなウェスタン、マカロニ・ウェスタン映画のネタが使われていることは有名だ。

タランティーノはビデオレンタル店で働きながら、映画館とレンタルビデオで大量の映画を見て育ったという。10代後半から20代前半は、1年間に平均200本の映画を見たと公言している。

タランティーノとほぼ同世代の監督たちは、彼のようにシネフィル（映画マニア）としての膨大な映画アーカイブをアタマに持ち、それらの大胆な組み合わせこそを楽しむかのように映画をつくる人が多い。

その世代の他の代表例としては、ウェス・アンダーソン（1969年生まれ）とギレルモ・デル・トロ（1964年生まれ）が挙げられるだろう。

メキシコ出身のデル・トロはその見た目の恰幅《かっぷく》の良さも相まって、まさに映画オタクを体現している人物。タランティーノ同様、クラシックな名作だけでなく、数多くのB級映画にも精通し、なかでも日本のアニメ映画に詳しい。

デル・トロの『パンズ・ラビリンス』は至る所に宮崎駿ネタが散見できるし、巨大ロボットが巨大怪獣と戦うというSF大作『パシフィック・リム』は、デル・トロが少年時代に夢中になった日本のアニメ『マジンガーZ』『ゲッターロボ』『機動警察パトレイバー』、そしてもちろんゴジラやガメラの要素の組み合わせでできている。

オシャレな世界観で女子人気の高いウェス・アンダーソンの映画も、実にアーカイブの組み合わせ的だ。

『ザ・ロイヤル・テネンバウムズ』（2001年）はオーソン・ウェルズ監督の『偉大なるアンバーソン家の人々』を下敷きにしているし、『グランド・ブダペスト・ホテル』（2014年）はタイトルどおり往年の名作『グランド・ホテル』を下敷きにしつつ、『散歩する惑星』や『さよなら、人類』などで知られるスウェーデンのロイ・アンダーソン監督のように、シーンごとにつくり込んだセットでの撮影を中心にスタイリッシュに描いている。

アンダーソンの最新監督作『アステロイド・シティ』（2023年）は、アンダーソン版『未知との遭遇』とでも呼べる、アメリカの架空の砂漠の街を舞台とした宇宙人との遭遇を描いた騒動劇。しかし、スピルバーグ監督の『未知との遭遇』とは大きく異なる、パステルトーンのオープンセットで撮影され、フランスの映画監督ジャック・タチのようなミッドセンチュリー・モダンなスタイルで撮られている。

こういうひねった、ツイストの効いた組み合わせがアンダーソンの真骨頂《しんこっちょう》だ。

「歌謡曲の神様」の音楽の聴き方は、イントロからサビまで。

ポップ・ミュージックの音楽家やグループは、次々と新作を出し、ライブをやり、新しいコンセプトを提示しないといけない（というオブセッションがある）。よって、あるアイデアやコンセプトをじっくり煮詰めていくというよりは、軽やかにさまざまな音楽ネタをある種、遊戯的に組み合わせて頻繁に世に出すという方法論を取るミュージシャンや作曲家が多くなる。

「木綿《もめん》のハンカチーフ」や「魅《み》せられて」など、日本の歌謡曲の大作曲家として知られる筒美京平《つつみきょうへい》はよく「パクリの天才」と呼ばれるが、彼はもともとレコード会社のディレクターであり、洋楽のレコードを大量に買って貪欲に聴いていたことでも知られる。筒美京平と親しく、彼についての本も書いている音楽家の近田春夫《ちかだはるお》は「文春オンライン」の原稿でこう書いている。

「80年代に入ってからの話になるけど、京平さんと仲良くなって、一緒に旅行に行く機会があったんだ。俺も京平さんも、当時発売されたばかりのウォークマンを持って来てたから、飛行機の中でお互いのカセットを交換したのよ。それを聴いてみて驚いた。京平さんのカセットにはリアルタイムの洋楽のヒット曲が詰まっているんだけど、全曲、イントロから一番のサビまでしか入ってない。つまり、あくまでも資料と割り切って聴いてるんだね。筒美京平の秘密を知ってショックを受けたよ。やっぱりこの人は真のプロだな、俺なんか本当にアマチュアに過ぎないなと心底思い知らされたよ」（傍点は筆者）と。

渋《しぶ》谷《や》系《けい》は、音楽遊戯の極み。

90年代の東京の音楽シーンで「渋谷系」と呼ばれる潮流があった。ピチカート・ファイヴ、オリジナル・ラブ、フリッパーズ・ギター（解散後、小沢健二《おざわけんじ》はソロに、小山田圭吾《おやまだけいご》はコーネリアスの名前で活動）などを中心とした、海外の音楽シーンともリンクする洋楽的なサウンドを信条とするミュージシャン／グループのことで、その渋谷系のミュージシャンたちは、いずれも豊かな音楽のアーカイブをもって、大胆な音ネタの組み合わせを行っていた。

たとえば、大のレコードコレクターでもある小西康陽《こにしやすはる》率いるピチカート・ファイヴは、ポップ・ミュージックと映画に関する博覧強記《はくらんきょうき》的知識をもって、ネタの組み合わせの遊戯性を極限まで極めていたと言えるだろう。

彼らの代表曲「万事快調」は、タイトルはフランスのジャン＝リュック・ゴダールの映画から、曲は60年代後半～70年代中盤に活躍した米R＆Bグループのヴォイセズ・オブ・イースト・ハーレムの「キャッシング・イン」を下敷きに、ブラジルのセルジオ・

メンデス「Tim Dom Dom」のサンプリング、ビートルズの「ドライブ・マイ・カー」の掛け声「ビビー、ビビー、イェー！」も曲の後半に引用されている。

またピチカート・ファイヴの「東京は夜の7時」は、タイトルは矢野顕子《やのあきこ》の同名曲から、曲の後半の「イェー、イェー、イェー、フー！」という掛け声はローリング・ストーンズの「ブラウン・シュガー」から引用されている。

さらに海外でもレコード・リリースを行い、ワールド・ツアーも展開したピチカートの海外で最も知られている曲は「トゥイギー・トゥイギー」だが、この曲はメンバーの野宮真貴《のみやまき》のソロのデビュー・アルバムのために佐藤奈々子《さとうななこ》が書いた曲のカバー。

ピチカートのヴァージョンは、ジミー・スミスの「The Cat」、ベンチャーズの「Hawai Five-O」から大胆に引用した、原曲とは大きく異なる引用の芸術のような仕上がりになっている。

宮崎駿の凄さとは、遠くからネタを持ってくる力である。

組み合わせの妙《みょう》の例について、もう少しおつきあいいただきたい。

日本のアニメ作家で最も世界的な評価を得ているのは宮崎駿であることに、誰も異論はないだろう。その圧倒的なオリジナリティで知られる宮崎だが、やはり彼もさまざまなインプットの見事な組み合わせを行ってきている。

たとえば彼の初期の代表作となる『風の谷のナウシカ』を見てみよう。

アニメ雑誌『アニメージュ』に連載された宮崎の漫画が原作だが、もともとはアメリカの漫画家リチャード・コーベンの『Rowlf』の映画化を試みて、それが頓挫《とんざ》したところから始まっている。この『Rowlf』の物語が、小国の運命を担うお姫様という、『ナウシカ』の根幹をなす物語のもとになっている。

また主人公ナウシカの動物や虫とコミュニケートするお姫様というキャラクター設定

は、日本の古典文学「堤中納言物語《つつみちゅうなごんものがたり》」に登場する「虫《むし》めづる姫君《ひめぎみ》」から来ている。そして、全体のイメージは、フランスの漫画家メビウスの代表作『アルザック』に強く影響されている。

宮崎はメビウスと対談し、彼の影響をはっきりと明言しているくらいだ。『アルザック』の絵を見れば、ナウシカがいかにその影響下にあるか、一目でわかるだろう。

また、カンブリア紀の生物などが多く登場するところは、進化生物学者スティーヴン・ジェイ・グールドの『ワンダフル・ライフ　バージェス頁岩《けつがん》と生物進化の物語』の影響ではと私は推測する。

このように、一般的なアニメ映画とは大きく異なる、他のアニメ作家の視野に入らないような「遠くのネタ」を持ってきてそれを大胆に組み合わせ、宮崎駿ならではのダイナミックな動きと完成度で仕上げるところが、彼の存在を比類《ひるい》なきものにしている秘密だ。

宮崎駿の最新作『君たちはどう生きるか』（２０２３年）でも、彼のイメージの組み合わせ力はさらなる高みに行っている。

吉野源三郎《よしのげんざぶろう》の1937年の同名小説をインスピレーションに、太平洋戦争中の少年の心の葛藤《かっとう》と、彼が不思議な島＝アオサギに導かれて迷い込むワンダーランドでの冒険譚《たん》を描くこの映画。主人公がワンダーランドで彷徨《さまよ》うなかで自らのアイデンティティを再認識するという物語構造は間違いなくルイス・キャロルの名作童話『不思議の国のアリス』と同じであり、「アリス」のうさぎにあたる案内人がここではアオサギになる。

また19世紀のイギリスの大画家ウィリアム・ターナー的な風景、ベックリンの「死の島」、マグリットの「ピレネーの城」、キリコの「通りの神秘と憂鬱《ゆううつ》」といった20世紀初頭の絵画イメージがふんだんに引用されている。

このような、一般的にはアニメのネタにならないような材料を取り入れて、オリジナルな世界観をつくりあげていく手腕は見事と言うほかない。

初期の村上春樹のネタ元は、現代アメリカ文学。

小説家・村上春樹の初期の作品は、当初から言われているが、アメリカ文学の強い影響下で生まれている。

第一作『風の歌を聴け』（1979年）のタイトルはアメリカの作家トルーマン・カポーティの短編小説の一行から取られている。そしてこの第一作を村上は英語で書き始めたというエピソードは有名で、いかに日本文学の文脈とは離れたところから小説を書くことを試みたかがわかる。

このデビュー作を掲載した文芸誌『群像《ぐんぞう》』で群像新人文学賞の選考委員を務めた作家の丸谷才一《まるやさいいち》は本作をこう評している。

「『風の歌を聴け』は現代アメリカ小説の強い影響の下に出来あがつたものです。カート・ヴォネガットとか、ブローティガンとか、そのへんの作風を非常に熱心に学んでゐる。その勉強ぶりは大変なもので、よほどの才能の持主でなければこれだけ学び取ることはできません。昔ふうのリアリズム小説から抜け出さうとして抜け出せないのは、今の日本の小説の一般的な傾向ですが、たとへ外国のお手本があるとはいへ、これだけ自在にそして巧妙にリアリズムから離れたのは、注目すべき成果と言つていいでせう」

（原文のまま引用）

現代アメリカ小説の構造を用いて、モダンな東京の青春を描く。それが村上のデビュー時の組み合わせの方法論だった。それがデビュー時には斬新すぎて、高い評価も否定的な評価もあったのだが、より手法は巧みになり、第二作『１９７３年のピンボール』、第三作『羊をめぐる冒険』と作家として大きな成長を遂げる。

三作目の『羊をめぐる冒険』は村上の初のベストセラーとなるが、この長編小説は村上もアメリカ文学のレイモンド・チャンドラーの探偵小説の名作『ロング・グッドバイ』の構造を用いていることを素直に認めている。

つまり『羊をめぐる冒険』は、米探偵小説×青春小説といった組み合わせと言える。

『薔薇《ばら》の名前』は記号論×シャーロック・ホームズ。

このような探偵小説的構造は、実は他のさまざまな小説でも応用されている。20世紀を代表する世界的ベストセラーにイタリアの記号論者ウンベルト・エーコが書いた小説『薔薇の名前』がある。

最初にイタリア語版がベストセラーになり、各国で翻訳され、今は累計5500万部を超えるウルトラ・ベストセラーとなっている。

この『薔薇の名前』は、中世のイタリアの教会を舞台にした連続殺人事件を描くミステリー。主人公は修道士のウィリアム。弟子のアドソが物語の語り手となり、2人でこの怪奇な事件を解決するというのが物語の骨子《こつし》だ。

『薔薇の名前』は構造としては、探偵小説のシャーロック・ホームズ・シリーズと同じで、ウィリアムとアドソの関係は、ホームズと助手のワトソンの関係と酷似している。

そしてエーコは記号論者であるので、この物語は探偵小説の形式を用いながら、中世のキリスト教的世界観、宗教論争、なかでも正統と異端をめぐる激烈な論争の要点を探偵役のウィリアムが弟子に解き明かしながら物語は進む。

つまり、中世ヨーロッパが、そしてキリスト教世界がどのように成立しているのかがよくわかる作りになっている。

『薔薇の名前』は探偵小説と記号論の組み合わせという、それまで誰も手をつけていないアプローチで、犯人探しのスリルと同時に記号論的解読のスリルも味わえる小説に仕上がっている。

組み合わせが目的化してしまった、ポストモダン建築の教訓。

建築の世界で70年代から90年代にかけて大きな潮流となった考えに「ポストモダン」というものがある。「ポスト＝あとに」＋「モダン＝現代」、つまり現代のあと、モダンが終わったあとに来るものという意味で、合理的でミニマルで機能的な建築を追求した結果、建築が面白くなくなったと考えた若手建築家たちが意図的に過剰な装飾性のある建築をつくろうとした流れをそう呼んだ。

そのためにポストモダニズムを謳う建築家たちは、「折衷主義」と呼ばれるような大胆な様式の組み合わせを試みた。

つまり、ギリシャやローマ建築の様式とモダン建築のミニマリズムの様式を強引に、あえて調和を乱してでも折衷するというアプローチだ。先に挙げたファッションのジャン・ポール・ゴルチエの手法にも通ずるやり方だろう。

代表的な建築家にはアメリカのロバート・ヴェンチューリやイギリスのジェームス・スターリングなどがおり、80年代当時は日本の磯崎新《いそざきあらた》、隈研吾《くまけんご》もポストモダン建築を標榜していた。磯崎による「つくばセンタービル」、隈による「M2ビル」というのは、日本のポストモダン建築を代表する成果である。

しかしこのポストモダン建築は、当初から評価もあれば強い批判もあった。主な批判は「様式の意識的な荒廃《こうはい》」であり、建築評論家のケネス・フランプトンはポストモダニストの建築家の傾向に「建築家はきわめて恣意的な歴史の引用にしか関心を持てなくなる」と強く苦言を呈《てい》した。

つまり、「建築の歴史」というアーカイブからネタを持ってくることしか、ポストモダン建築家は努力しなくなるというのだ。

これは単にポストモダン建築家だけへの苦言ではないだろう。

現代のクリエイターは、過去の歴史の巨大なアーカイブを掘り下げ、そこからアイデアのネタ・要素を見つけてくるのは得意だが、なんのためにアーカイブからネタを見つけてくるのか、その目的を見失いがちになる。

アウトプットするための手段としてインプットの組み合わせがあるのであり、けっして「インプットの組み合わせ」という手段を目的にしてはいけないし、「組み合わせの妙技」に自己満足してもいけない。

ただし、マニアックな、オタク的な文化がある一定層を占める現在、創作の手段を目的化した作品も多数存在し、ある程度の支持と評価も得ている事実がある。組み合わせは創作の過程だが、現在はその無限の組み合わせの沼に溺《おぼ》れることを楽しむような表現も増えている。

音楽におけるサンプリングの安易な組み合わせでできあがった曲が氾濫《はんらん》するのも、組み合わせが目的化している実例だ。

それらを全否定はしないが、やはりプロのクリエイターに求められているのは、「新しく、美しいものをつくる」ことである。

クリエイションにおける手段と目的を混同しないよう、心がけてほしい。

私たちは、クリエイションの研究者兼ビジネスマンである。

さて、ここまでさまざまなジャンルの実例を見てきたが、「優れたアウトプット＝意外性のあるインプットの組み合わせ」という考えは至極シンプルで誰でも使える方法論だろう。しかし実際に実行するとなると、施策は無限にあり得る。

「世界一予約のとれないレストラン」という称号を誇った、スペインのガストロノミーのレストラン、エル・ブリのオーナー・シェフ、フェラン・アドリアのドキュメンタリー映画『エル・ブリの秘密　世界一予約のとれないレストラン』のなかで、彼は料理の可能性についてこう語る。

「料理の組み合わせは無限」だと。

アドリアの言葉はクリエイションに携わる人にも勇気を与えるだろう。「クリエイションの組み合わせは無限」と言い換えることができるからだ。

しかし水を差すようだが、自分の独自のアイデアが見えたと思えたときに、冷静に調べてみると世界の誰かがすでにやっていることが残念ながらとても多い。あなたがすぐにパッと思いつく組み合わせは、世界の誰かも思いついているのだ。

この「無限の組み合わせ」という広大な可能性と、一方で「組み合わせの多くは、世界の誰かがすでにやっている」という不可能性の両極のなかで、私たちプロというのは常に気持ちが揺らぎ、自信過剰か虚無主義のどちらかに陥りがちだ。

では、自信過剰な楽観主義でもなく空虚な虚無主義でもない態度で無限の組み合わせにのぞむ方法はあるのだろうか？

私は、そこに必要なのは研究者のような態度だと考える。

私たちは「クリエイションの研究者兼ビジネスマン」だ。そして新しいクリエイションを生み出すには、たくさんの実験が必要となる。すぐに成功する実験もあるだろうが、なかなか成果の出ない実験がほとんどだろう。

だから、新しいことを世に出そうと思うのなら、それまでにたくさんの実験の失敗が予想されるので、トライ＆エラーを肯定的に捉えることが必要である。

失敗を楽しむ精神が必要だと言ってもいい。

この世に登場する「新しいクリエイション」は膨大なトライ&エラーの成果であり、その背景には数多くの失敗があると思えるようになると、自分たちの小さな失敗も、新しいクリエイションを生むためのレンガ積みの大事なひとつの行為と見なすことができる。

たとえば、建築やインテリアの世界では膨大な模型の制作があるが、そこでは実作ではないのでトライ&エラーが許されるだろうし、そこでの大胆な発想の転換や遊びが実作に生かされることも多々あるだろう。

私は編集者として幾多の雑誌の創刊に関わってきたが、新雑誌のダミーをつくっているときが実に楽しい。雑誌のタイトル、コンセプト、内容、コントリビューターのキャスティング案、特集案、連載案、定例企画案とどんどん企画を詰めていき、そして、アートディレクター、デザイナーたちと、実際のサイズでダミーをつくっていくとき、それは本当に「ビジネスと遊び」が融合するような場面となる。

どういうトーン&マナーをつくるか。どういう誌面のフォーマットをつくるか。広告面はどこに配置するか。厳密な決まりごとは何で、そこにどういう遊びを入れるか。どのページにお金をかけ、どのページは予算をタイトにするか。

そういった「芸術と商業」「アート&コマース」のゲームを楽しく遊べる場面が、それら実験の段階だ。

もちろん実験してうまくいかないことのほうが多い。特に新しくてむずかしい課題の場合はなおさらだ。しかし、「新しく、むずかしい」からこそ挑戦しがいがあり、エキサイティングだと思う精神がプロには求められるはず。

発明王トーマス・エジソンが誰よりもたくさんの失敗をしてきたことを思い起こすと、気が楽になるだろう。


頭の中の組み合わせのシミュレーションは、いわば頭の中でオリジナルの音楽を奏《かな》でるようなものだ。

組み合わせてみたら、斬新ですばらしいハーモニーになるものもあれば、ノイジーで聴くに耐えないものになることもある。ここぞというときのシンバルの音はハッとして刺激的だが、そうでないときにシンバルが連打されるとうんざりしてしまう。

そういうクリエイションの音楽性を意識しながら、頭の中で組み合わせが生む全体的なリズムとハーモニーが明確に見えてくる/聴こえてくる/読めてくると、これから生まれるクリエイションが躍動的な、生き生きとしたものになるだろう。

音楽とノイズは紙一重であるように、いいクリエイションも陳腐で紋切《もんき》り型のものと実際は紙一重《かみひとえ》。それは現代アートや現代音楽を数多く見たり聴いたりするとより実感するはずだ。

どうしたら魅力的で斬新な組み合わせになり、どうしたら陳腐になってしまうのか？人は陳腐になることを恐れるあまり、つい保守的で定番の「魅力的とされているもの」ばかりを組み合わせる傾向がある。そこで斬新と陳腐の微妙な紙一重のラインを理解して、ときにそのラインをわざと横断するような表現を行うと、人は新鮮に感じてくれるものだ。

美しいものをしっかり理解していれば、ときに思い切りダサいものや古いものをうまく組み合わせて、新しい美をつくることができたりする。

ただし、「美しいものとは何か？」は永遠の課題で、ピタゴラスもダ・ヴィンチもゴッホもピカソもモーツァルトもベートーヴェンも千利休《せんのりきゅう》も葛飾北斎《かつしかほくさい》も追究しつつ苦悶《くもん》し続けた。だから私たち後続も、その永遠の悩みの領域に吹っ切れた覚悟を持って足を踏み入れよう。

「簡単には答えは出ない。だからこそ、面白いのだ」と。

人間にしかできないこと、そして「あなたにしかできない」ことを。

この本の最後に、いまクリエイションの世界で起きている激震について触れておきたい。

高度なＡＩの登場によって、人間が担ってきたさまざまな作業、種々《しゅじゅ》の仕事が、機械に置き換わる未来が現実のものとなってきている。

それは、今までＡＩが代行しにくいと言われていたクリエイションの世界もけっして例外ではない。ＡＩで文章を書く、絵やマンガを描く、デザインをする、さらには広告のプランをつくる、脚本を書くことから曲を書くことまで、ＡＩでかなりのレベルまでできるようになる。

そうなると、人々が技術的なトレーニングだけでなく、頭脳的なトレーニングなしでもなんとかモノをつくれる／表現できる世界になる。それは当然、良い面も悪い面も両方生まれる。

これからのクリエイションの世界は、ＡＩを軸に制作される、マーケットを理解して最大公約数的で属人性のないクリエイションと、属人性が高く、意外性に富《と》み、遊びがありつつ魅力的な矛盾を孕《はら》んだクリエイションへの二極化が進むだろう。


授業でＡＩの凄さを目の当たりにして、自分の能力を発揮する場所をＡＩに奪われたと美大生が絶望している、というニュースを見聞きしたことがある。ＡＩの登場と活用を遠く未来のことと捉える人も少なくないかもしれないが、アーティストやクリエイター、特にそれらを志望する人間にとっては、それはいま直面しているリアルな問題である。

しかし、あまり悲観することはない。

人々は芸術・文化の作品に属人性を求めるものだ。人々はクリエイションに、つくる者の「その人らしさ」が反映してほしいと思うことが多い。

そして属人性の表現というのは、特別むずかしいことではない。

私たちは一人一人が違う個人であり、一人一人が日常的にインプットしているものが違うので、自ずとそこから生まれるアウトプットもその人のフィルターをしっかり通過したものになる。

人間のクリエイティヴなインプットは、ＡＩにおけるデータの入力とはかなり違う。表現・作品を見て、読んで、聞いて、体験して、心から共感したり、理解できなくて困惑したり、涙を流したり、怒ったり、性的興奮を感じたり、知覚の扉が吹き飛ぶような覚醒を感じたりと、人にはさまざまな頭脳的反応がある。

そして作品に対して、個人的な思い入れや個人的な反発も生まれたりする。

そのようなインプットの個人差や理解や反応の多様性が人間の面白さと言えるだろう。

そしてこれらのクリエイティヴなインプットを受けて、私たち人間はそれらを組み合わせてクリエイティヴなアウトプットをする際に、ＡＩはけっしてやろうとしないことをよく行う。

それは、遊びやユーモア、意外性、楽しい間違い、冗漫さ、矛盾、両義性といった、ロジカルな「解答・解決策・ソリューション」ではない要素を多く孕むことだ。

優れたクリエイションは、優れた問いでもある。

発しているクリエイター本人でもよく理解できていないケースも多々あるのだが、それがゆえに本人も受け手も強く触発するものが生まれたりする。

合理的なＡＩの世界では、1足す1は2だが、クリエイションの世界では1足す1は3にも、3以上にもなる。アイデアを組み合わせることで、そのレイヤーから離れたまったく違うものを生み出すこと、それがクリエイションの醍醐《だいごみ》味なのだ。

しかし、凡庸《ぼんよう》な組み合わせ、常識的な組み合わせならＡＩにもできる。また、なんでも組み合わせればいいクリエイションになるわけでもない。プロは斬新ながらも見事なハーモニーを持つアイデアの音楽、イメージの音楽を奏でないといけない。それには本書で記してきたように、日常的なトレーニングが必須だ。

アウトプットの質と量はインプットの質と量が決めるのだから、斬新ながらも見事なアウトプットの質と量を維持するには、新しいネタのインプットと古典ネタのインプットを両方とも精力的に行って、他の人が思いつかない組み合わせを捻《ひね》り出すしかない。

それはかなりアタマの体力がいる作業となる。

しかし「人間らしさ」の定義が激しく変化する現在、クリエイターには「人間にしかできないこと」を次々と更新していく大きな役割があると考える。そして「人間にしかできないこと」ならびに「その人しかできないこと」を世に認められるものとして発表できたとき、その達成感は以前よりも大きなものになるだろうと確信している。

そのときクリエイションは、趣味や余興ではなく、人間が「生きてきて良かった」とより認識する、生の実感の根源に位置するものになるだろう。

かつてコンピュータを使ってまったく新しい音楽をつくろうとした人たちがこういう言葉を残している。

「イマジネーションを鍛えよう」と。

それはＹＭＯの高橋幸宏と坂本龍一の言葉だ。２０２３年、それぞれの訃報《ふほう》が届き、その偉業を多くの人が称えたが、彼ら2人に細野晴臣が加わった3人からなるＹＭＯのデビュー時の言葉である。

高橋はＮＨＫニュースの１９７９年の取材でこう言っている。

コンピュータで曲をつくることについて、「我々のイマジネーションをもっと豊かに鍛えて、それを素直に出して良くも悪くもなるのはコンピュータ」だと。

またYMOのデビュー・アルバム『イエロー・マジック・オーケストラ』（1978年）のライナー・ノーツ（筆者は北中正和《きたなかまさかず》）で坂本は音楽におけるコンピュータの使用についてこう語る。

「将来は、長い時間をかけて肉体の訓練をしなくても、強力なインスピレーションがあれば、表現できる時代になるというだけで、従来からある音楽を否定するわけじゃない。いままで、たとえばピアノの練習がいやで、音楽を断念しちゃって、サラリーマンになった、みたいな人が多かったわけでしょう。肉体的な訓練はたいへんなことだから。それが、もしイマジネーションさえ豊かなら、それを生かした音楽が作れるわけです。だから（中略）イマジネーションを広げるようにしようと」

彼らの予言のように、肉体の訓練をしなくても、音楽も絵も立体作品もつくれる時代が到来している。そうなると、クリエイターに残されているのは、アタマの、イマジネーションの訓練ということになる。

ＹＭＯの３人は長年にわたってテクノロジーと並走してイマジネーションを鍛え続けた。「アウトプットの質と量はインプットの質と量が決める」の見事なお手本である。

＊

最後に、右の最終パラグラフを書き終えたあとに読了した一冊からの鮮烈なエピソードを追記したい。

坂本龍一の死後に発売となった彼の著作『坂本図書』（バリューブックス・パブリッシング）に、彼が亡くなるわずか20日前、２０２3年3月8日の対談が収録されている。『ENGINE』『GQ JAPAN』の名物編集長だった鈴木正文《すずきまさふみ》氏との対談によるもので、鈴木は坂本の最晩年の語りをまとめた『ぼくはあと何回、満月を見るだろう』の聞き手も務めている。

その『坂本図書』の対談では、坂本がいま病床《びょうしょう》で読んでいるという10冊の本をめぐり、気心知れた者同士の会話が収められている。そしてその対談は、両者の次の台詞によって終わる。

鈴木　今はこのあたりの本を行ったり、来たりして？

坂本　鷗外《おうがい》を読んで、荷風《かふう》に戻ったり、途中で荘子《そうし》や老子《ろうし》も読んだり、埴谷《はにや》さんに行ったり。本当にこのあたりの本を行ったり、来たりしています。

鈴木　ちなみに、今、読書の時間はどれぐらいですか？

坂本　2、3時間ぐらいかな。観たい映画もドラマもあるし、聴きたい音楽もあるし。本当に大変ですよ。忙しくて（笑）。

死が迫りつつある病床での、猛烈なインプット生活！　この絶え間ない知的インプットのルーティンこそが、坂本龍一を坂本龍一たらしめた。

あらためて確信する。

生まれつきの天才はいない。

天才になる習慣があるだけなのだ。

[著者]
菅付雅信（すがつけ・まさのぶ）
編集者／株式会社グーテンベルクオーケストラ代表取締役。1964年宮崎県生まれ。『コンポジット』『インビテーション』『エココロ』の編集長を務め、現在は編集から内外クライアントのコンサルティングを手がける。写真集では篠山紀信、森山大道、上田義彦、マーク・ボスウィック、エレナ・ヤムチュック等を編集。坂本龍一のレーベル「コモンズ」のウェブや彼のコンサート・パンフの編集も。アートブック出版社ユナイテッドヴァガボンズの代表も務め、編集・出版した片山真理写真集『GIFT』は木村伊兵衛写真賞を受賞。著書に『はじめての編集』『物欲なき世界』等。
教育関連では多摩美術大学の非常勤講師を4年務め、2022年より東北芸術工科大学教授。1年生600人の必修「総合芸術概論」等の講義を持つ。下北沢B&Bにてプロ向けゼミ〈編集スパルタ塾〉、渋谷パルコにて中学生向けのアートスクール〈東京芸術中学〉を主宰。2024年4月から博報堂の教育機関「UNIVERSITY of CREATIVITY」と〈スパルタ塾・オブ・クリエイティビティ〉を共同主宰。NYADC賞銀賞、D&AD賞受賞。

インプット・ルーティン 天才はいない。天才になる習慣があるだけだ。

2024年6月4日　第1刷発行

著　者——菅付雅信
発行所——ダイヤモンド社
〒150-8409　東京都渋谷区神宮前6-12-17
https://www.diamond.co.jp/
電話／03·5778·7233（編集）　03·5778·7240（販売）
ブックデザイン—杉山健太郎
写真————Ryo Yoshiya
編集協力——アレクサンドラ・プリマック&フォスティーン・トビー（グーテンベルクオーケストラ）
校閲————鷗来堂
製作進行——ダイヤモンド・グラフィック社
印刷・製本—勇進印刷
編集担当——今泉憲志／柿内芳文（STOKE）

ISBN 978-4-478-12017-0